五彩校园文化艺术活动丛书

校园收藏类活动指导手册

王 爽 ◎编著

吉林出版集团股份有限公司
全国百佳图书出版单位

前言 PREFACE

在党和政府的要求下，长期以来，学校文化艺术活动作为学校教育教学工作的一个重要组成部分，不仅是广大青少年建立兴趣爱好和成才的重要途径，而且是学校德育工作发挥巨大作用的主要因素。营造丰富多彩的校园文化，为广大青少年开拓广阔的成才之路，这是加强素质教育的要求，也是培养青少年未来实现中国梦想的要求。

学校开展形式多样的文化艺术活动，能够使广大青少年达到开阔视野、陶冶情操、增长才智、提高素质、沟通人际、适应社会以及改善知识结构和掌握实用技能等方面的效果。在这些文化艺术活动中，广大青少年通过接受不同形式、不同内容的有益教育，能够起到潜移默化的作用，这对造就和培养有理想、有道德、有纪律、有文化、适应中国复兴和实现中国梦的新一代人才有着十分重要的作用。

因此，越来越多的学校对于开展丰富的文化艺术活动和营造浓郁的校园文化环境给予了越来越多的投入和努力，学校里的音乐队、合唱团、舞蹈队、书画社、兴趣小组等，简直琳琅满目。因此，校园文化艺术活动的组织策划与指导就显得十分重要了。这就需要坚持先进文化的正确方向，以育人为根本目标，努力发展符合实际需要并为广大师生喜闻乐见，且具有实效的校园物质文化和精神文化体系，真正营造五彩校园的文化氛围。

为此，根据党和政府有关政策和部门的要求以及国内外最新校园文化艺术的发展方向，特别编撰了《五彩校园文化艺术活动》丛书，不仅包括校园文化艺术活动的组织管理、策划方案等指导性内容，还包括阅读、科普、歌咏、器乐、绘画、书法、美化、舞蹈、文学、口才、曲艺、戏剧、表演、游艺、游戏、智力、收藏、棋艺、牌技、旅游、健身等具体活动项目，还包括节庆、会展、行为、环保、场馆等不同情景的活动开展形式等，具有很强的系统性、娱乐性、指导性和实用性。

本套丛书图文并茂，设计精美，格调高雅，不仅是广大学校用于开展丰富文化艺术活动的最佳指导读物，也是大中小学学校领导、教师，在校大中小学学生、研究生、博士生以及有关人员学习的最佳实用读物，还是各级图书馆珍藏的最佳版本。

目录 CONTENTS

N01. 学校收藏活动指导

收藏的涵义和种类............002

收藏的特征和特性............004

文物的价值及辨伪............007

收藏应注意的问题............010

收藏活动的组织管理........012

N02. 青铜器的收藏指导

青铜器的历史概述............016

青铜器的九大种类............019

青铜器的收藏鉴别............024

N03. 玉器的收藏指导

玉石的文化与历史............030

玉石的种类和产地............033

玉器的收藏及辨伪............037

NO4. 陶瓷的收藏指导

陶瓷的历史概述 044

陶瓷的不同分类 048

陶瓷的鉴赏和收藏............053

NO5. 金银器的收藏指导

金银器的历史概述............060

我国金银器的特点............063

金银器的不同种类............066

金银器的鉴别与收藏........068

NO6. 古钱币的收藏指导

古钱币的历史概述............074

我国历代的古钱币............081

古钱币的鉴定和收藏........089

| 嘉靖通宝 | 万历通宝 | 天启通宝 |
| 明 | 明 | 明 |

N07. 邮票的收藏指导

集邮的范围和方式............098
邮票的要素和品相............102
邮票的种类和用途............106
邮票的鉴别和收藏............112

N08. 奇石的收藏指导

奇石的文化与历史............118
奇石的种类和品种............120
奇石的鉴赏和收藏............123

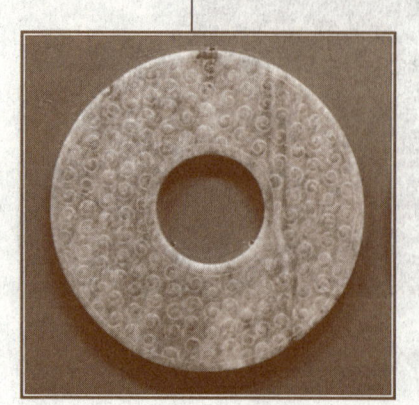

NO9. 印章的收藏指导

印章的历史概述 132

印章的不同类别 138

印章的鉴赏和鉴定 140

NO10. 艺术品的收藏指导

艺术品的特征和价值 146

艺术品的主要类别 149

艺术品欣赏和收藏 152

NO11. 现代收藏品的选择

现代收藏品的价值 162

现代收藏品的种类 165

现代收藏品的收藏 170

NO1.学校收藏活动指导

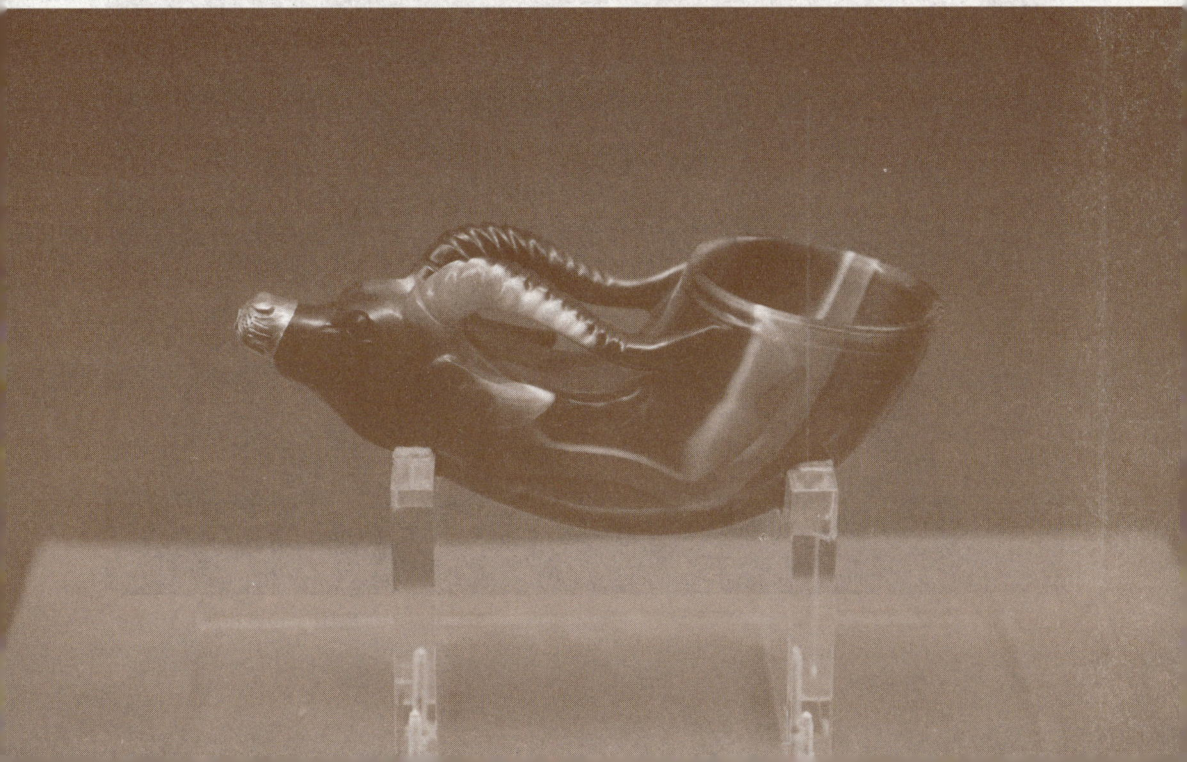

收藏的涵义和种类

收藏的涵义

收藏,顾名思义就是收集、保存、珍藏。它是一种对于物品的搜集、储存、分类与维护的癖好。收藏家的收集对象通常是有价值的古董,但也可能是其他的小东西。集邮、火柴盒贴画与明信片是较为主流的收集项目。

在日常生活中，由于多数人还缺少对收藏意义的真正认识，缺乏对收藏种类的辨识，结果，有人与机遇失之交臂，有人却收藏了国家法令禁藏的种类，受到法律惩处。

本书的宗旨就是指导同学们正确理解收藏的涵义，了解相关的收藏知识，使同学们扩大视野，陶冶情操，提高自己的综合素质。

收藏的种类

民间究竟有多少收藏种类呢？21世纪初有人作过统计，西方发达国家民间收藏种类已达1019种，估计现在已经超出了这个数字。

据《收藏》杂志统计，我国的收藏品的种类也有上千种之多，主要有文物、瓷器、书法、雕塑、邮票、烟标、国画、算盘、报纸、硬币、毛泽东像章、图书、铜鼎、古代刑具、象牙腰牌、镍质辅币、月光邮资明信片、书法名帖、勋章、流通硬币、流通纪念币、婚书、宋窑瓷器、现代版画、行军粮票、观音佛像、天然文字石，等等。

社会上民间收藏的种类，实际上要更多些。因为，有的藏品当时发表在其他报刊上，没有被收录；有的密藏在室，没有向社会公开，无法收录；还有，当时没有进入藏界后来新增加的种类等。

收藏的特征和特性

什么是收藏品

任何对象都可以成为收藏品，其中有些对象本来是具有实用性的，在特定的条件下转化为收藏品；也有些对象本来就是为收藏而制作的。比如，古代文物在当时是有实用功能的，而流传到今天就只是作为收藏品了。普通邮票就属于前一类，而限量发行的特种邮票就成了后一类。

狭义地说，只有被经济市场接受而有市场价值的藏品才算收藏品。所以，收藏是有选择性的，从实用的物品中有选择地保存一些物品。这些物品，除了其一般的使用价值，通常还拥有反映其时代或地域的文化价值。所以，收藏品不仅仅是商品，更重要的是其承载的文化含义。

收藏品的特征

收藏品，一般应有如下一种或数种特征：

1.具有历史价值。其中包括有关重大历史事件的物品，重要历史人物或当代名人的笔迹和使用过的物品，稀有的难以复制的纪念品。

2.具有审美价值。艺术品、古董家具、瓷器、工艺品等，能给观赏者带来美的享受。

3.具有情感价值。与个人的经历有关，又能引发怀旧情感的物品。

以上三种特征，收藏品至少必备其一。藏品在市场上获得成功，通常会有以上特征而引出以下实际价值：

4.具有投资价值。预计将来能高价转卖而获利的物品。

5.具有提升收藏者地位的价值。由于许多藏品价格不菲，拥有一件或几件，甚至一批古董珍品，是比任何名车别墅更能彰显其主人的财富和品位，提升收藏者的地位。张大千有两方闲章：敌国之富，穷无立锥之地，可谓收藏家写照。

6.具有学习研究价值。一件艺术品或工艺品，由于其审美价值，而可成为对后世的艺术家有临摹学习的模板。张大千收藏过许多名画，通常是为了学习临摹。同样，一件年代久远的藏品，也可以给考古学家和历史学家提供信息。

一件收藏品，可能具有以上所有的特征，也可能只具有其中某一两种价值。这些特征，也是互相关联、互相影响的。

对有历史价值的物品，通常需要收藏者有历史和鉴定知识，能大

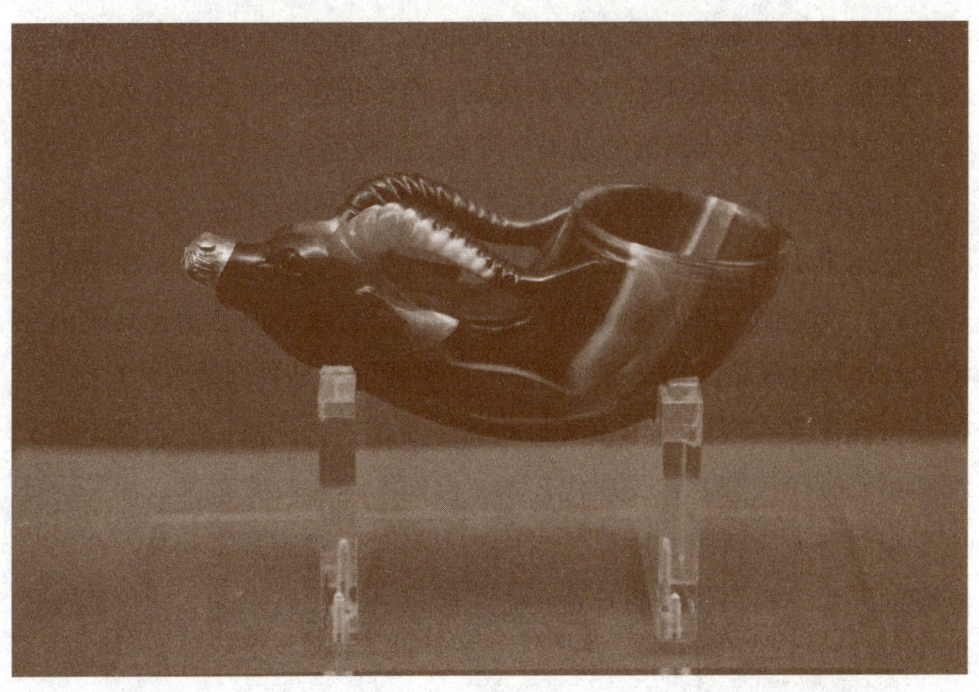

致辨别明显的赝品。

通常，收藏者对其藏品有深厚情感，有的是他所喜欢的艺术，或者与他早年的生活有关。比如许多"文革"时代的纪念品，在当前的收藏市场火热，很多是能勾起怀旧之情。

收藏品的特性

在现代，一件文物或艺术品，进入市场，就成为收藏品。收藏品，作为一种商品，除了拥有一般商品的应用性外，还通常有以下特性：不可再生性、可持久保存性、具有时代或文化的意义。

1.不可再生性。

收藏品通常都不可再生。其复制品不能完全拥有原作品的全部特性。这个特性也造成其稀缺性。数码音像作品，由于能被完整地复制，所以也不能成为有市场价值的收藏品。数码照片只有通过打印并有作者签名，才有可能成为收藏品。

2.可持久保存性。

收藏品通常都是三维空间的实体物品，适宜长时间保存。所以绘画、雕塑、陶瓷是生来就适合于收藏，而音乐作为声音就不适合，只有音乐家的手稿，或出版的老唱片可能成为藏品。

3.收藏品具有时代或文化的意义，或者说是历史性。

这附带出两个属性：独特性和增值性。收藏品通常都是独特的，不可替代或复制。随着时间的流逝，其历史文化价值愈增，其应用性愈多。这是收藏品区别于普通商品的主要特征，是我们研究的重点。

文化意义在现代艺术中又与新潮时尚相结合。每一个新潮艺术，都紧贴着时代气息。购买现代艺术，已经不是为收藏艺术，而是为证明买家的财力与新潮。所以，当代艺术与时装潮流紧密相关。今天是新潮的艺术，很快就成明日黄花了。所以，现代艺术的文化价值在短期内有可能因过时而贬值。

文物的价值及辨伪

人类的文化遗存文物（解放前称之古玩、古董）越来越被人们所重新重视和喜爱。只要数一数由文物主管部门实施监管的古玩城、海王村、荣兴艺廊、亮马红桥等已露出的"冰山"，就可知目前文物市场之规模，其红火之势撩人心动。

文物引人入胜，无非是有悠久的历史、丰富的内涵、优美的造型、百看不厌的纹饰及听不完的故事，当然不应避而不谈其保值、增值的作用。

文物的历史价值

文物的内在价值是先天固有的，也就是说它的历史性、艺术性、科学研究价值是固有的。历史性是指其生产、制作的年代；艺术性主要指其纹饰、造型、文化内涵等方面；而科学研究价值主要指其生产、制作的材料、工艺、技术等方面的科技含量。

文物能保值、增值，除了自身的固有价值基本因素外，受后天因素或者说社会因素影响极大。"盛世文物，乱世饥民"讲的就是这个意思。太平盛世，国泰民安，文物让人们趋之若鹜，价格自然攀涨。

文物鉴赏也就是去发现、挖掘文物的固有价值，将其展示于世，使人们能分享它的美，满足人们在文化、精神上的需求。在这里"鉴"字有两层含义：一是断代，也就是首先断定文物的生产、制作的朝代、地点、大约生产制作的时间；二是甄别，也就是辨伪。

自文物被人们视为观赏玩物后,作为商品在市场上进行交易,起码在明朝已出现了。由于利益的驱使,仿造及贩仿看来是势必难免。自宋朝开始,后朝仿前朝,本朝仿本朝的刻意仿制现象并不少见,所以辨伪是必然的也是必须要做的。

文物的价值评估

根据目前国有资产评估机构对资产评估时所使用的一些办法,无论是博物馆藏品还是民间私人藏品的评估首先要请文物专家对文物藏品进行鉴定,根据其性质、质量和存量等,结合其艺术与历史、科学等价值进行评定,然后结合同类物品同时期的拍卖价格或出国保价金额进行估价。

其实,这个价格并不等于市场交易价格,也并不能完全真实地反映这件文物藏品的价值。因为一件物品的交易价格,除了受其自身价值的影响外,还受到市场供求、买方喜好等很多因素的影响。而作为一个博物馆,一个文物的收藏、研究、展示部门,以及私人收藏,这个价格只是对其所藏文物经济价值的参考。

有了这个价格尺度,我们就能对馆藏文物、私人收藏文物的经济价值有一个大概的了解,对文物的流动及展出也是有很大帮助的。以前的文物进出流动,包括文物收藏、外出展览、出借研究及本馆展出等,都只是对文物数量的记录和管理,只停留在历

史文化价值的概念上,而有了经济价值作依据后,则可更加直观地看到这些文物所具有的货币价值。

辨伪应遵循的原则

1.历史永远是向前发展的,生产技术是不断更新进步的;

2.人们的思想意识、风俗习惯会随经济发展而有所变化并与经济基础相适应;

3.以上种种进步和变化,都会集中表现在器物的生产、制作过程中,使其产品打上时代的烙印。

所以辨伪主要从以下几个方面进行:

1.从生产制作的器物所使用的材料上加以甄别;

2.从器物的造型上注意微小变化;

3.从纹饰(装饰)上加以对比;

4.从手头(重量)仔细掂量。

以上四点只是辨伪一般常用着眼点,但具体每一类别文物的辨伪都有更加详尽而特定的方法。当然辨伪技能的高低与个人掌握的文物知识深度与宽度以及个人的文化内涵有直接的关系。

如果"鉴"字的内涵已全部达到,那么"赏"字自不多言,因人而"赏"了。

不过要提醒一下初次涉足古玩并要在这个圈内"享受"一下的人,注意不要贸然闯进,最好先武装一下自己。

一要学点历史(切记莫学野史);二要学点将要涉足的古玩类的来龙去脉;三要请个参谋,否则会将自己挣来的钱打了个不起水花的水漂。

收藏应注意的问题

在文物收藏中，要注意以下一些因素：

温度和湿度

温度过高（38摄氏度以上），会使文物质地发生变化，加速各种有害化学杂质对文物制成材料的破坏；温度过低就会使器物里的水分产生冰结，致使它的内部结构遭到破坏，影响藏品制成材料的耐久性。太潮湿或太干燥对书画、古籍、皮革、竹木器影响较大。因此存放藏品的库房，陈列室的温湿度的控制与调节是藏品保护技术中的一项十分重要的内容。

光线

光具有一定能量，不同的物质在一定能量的光照射下引起化学变化，以致遭到破坏，导致纸张、纺织品等标本变脆、弹性减弱、变黄、退色，使漆器、木器起皱、龟裂甚至剥落。由于紫外线的能量大，会使文物制成材料色素成分中的发色团遭到破坏，从而引起掉色。

因此，各类藏品防光的重点是防紫外线损坏。

有害气体

有害气体虽然对藏品的破坏作用在一般情况下是较缓慢的，不易被人们所察觉，但它确实每日每时都在影响着藏品制成材料的耐久性。对藏品有损害的气体包括臭氧、二氧化硫、硫化氢、氯气等。

灰尘

灰尘落在各类器物上，清除时能引起机械性损坏即擦伤；灰尘是微生物、寄生虫繁殖时的掩护所，遇到适合的温度和湿度就会破坏文物；灰尘会携带着大量工业悬浮颗粒，落在金属文物表面会加速腐蚀；灰尘一般都能吸附空气中的化学杂质而带有酸碱性，在纸质物品上，就会对纸质和字迹起到破坏作用，当湿度大时，就会浸到纸张内部，对器物内部造成破坏；在灰尘中往往含有黏土，容易使纸质类文物粘结在一起。

微生物

危害藏品的微生物，主要是细菌和霉菌。通常我们见到的古字画、织绣、木器、植物标本等发霉、霉烂都是微生物危害的结果。

害虫

昆虫对纸张、书画、古籍、漆器、木器、竹器、丝毛棉麻织品、皮革等文物有危害，比如毛衣鱼、烟草甲、书虱、短鼻木象等；老鼠对有机质的文物破坏，主要利用其锐利的牙齿啃咬，造成无法弥补的损失，另外它的分泌物也能造成藏品和环境污染。

收藏活动的组织管理

学校组织管理概述

中国文化艺术几千年源远流长的历史,也凝聚着收藏活动的风云沧桑。社会文明的整体进步,在促进文艺创作繁荣的同时,也推动收藏活动的蓬勃发展。

收藏品是承载历史、文化、艺术信息的商品,也是盛世人们经济生活和精神生活的组成部分。作为学校,应该如何利用师资合理地对学生收藏爱好进行管理指导呢?

加强教师的学习培训

由于收藏涉及的知识面广,鉴定复杂,这就需要教师有计划、有组织地引导学生综合运用所学知识根据实际开展综合实践活动。

如何引导学生,使学生对收藏活动有一种深入的认识和深刻的理解,这就需要学校做好教师和学生的指导培训工作。在选派教师学习培训的时候,学校应选派对收藏有爱好,特别是对文物有一定了解的教师参加培训,应开设业务专题讲座,使参训教师对收藏有一个系统的认识和较深的把握。

做好学生的动员和指导

为了让学生积极参与收藏活动并取得较好的活动成效,学校应召开全校师生参加收藏活动展示会,向学生全面介绍收藏的有关知识和活动要领,有效激发学生参与收藏活动的兴趣,引导学生进行各类文

物的收藏活动。

建立校园收藏网页

学校还应在校园网建立收藏活动网页,鼓励师生登录"中小学综合实践活动专题网站",及时了解收藏活动的新动态,学习借鉴成功经验,为学生自主活动、教师实施综合实践活动提供帮助。

不强迫学生购买

学校在开展收藏指导活动中,应该注意的是,我们的目的是提高学生对收藏的兴趣,促进他们涉猎更广泛的知识,而不是鼓励尚无经济能力的学生去购买或收藏贵重文物。因为学生的主业是学习,如果违背这一宗旨,必定会适得其反,把学生和收藏活动引向歧途。

NO2. 青铜器的收藏指导

青铜器的历史概述

青铜器的出现

青铜器是由青铜制成的器具,诞生于人类文明的青铜时代。我国使用青铜器的历史相当久远,可以远溯至夏商周之前。青铜器古朴凝重,造型典雅,是我们祖先的智慧结晶。

青铜器在铸造工艺方面有自己的特殊传统,造型丰富、品种繁多、面貌各异、精品迭出,有很高的科研价值。

早在6500多年前,陕西临潼姜寨的仰韶文化先民铸造出了第一块铜片。随后,从马家窑文化到龙山文化时代,先民们又遗留下来了陶寺遗址的铜铃,登封王城岗遗址的残铜片、坩埚残片等。

我国发现最早的青铜器是马家窑文化的青铜刀,距今约4800年。

在甘肃青海距今4000年的齐家文化时代，他们则开始冶铸或冷锻出铜刀、凿、锥、钻头、斧、匕、指环以及小饰件和镜子等铜器。

这些显示出了我国文化已经由"铜石并用时代"向"青铜时代"的缓慢过渡。

夏代青铜器

夏代是我国第一个进入阶级社会的奴隶制国家，人类文明已由石器时代步入了青铜时代。这时，青铜器工艺在总结新石器时代器物制造经验的基础上取得了长足的进步。偃师二里头遗址和夏县东下冯遗址这一片独特面貌的早期青铜文化区域，同我国历史记载的夏王朝统治的范围大致吻合。

根据偃师二里头夏代遗址所发现的夏代铸铜作坊和青铜器物来看，这一时期的青铜二里头文化中的铜牌饰器已经出现了礼器、兵器、生产工具、乐器和装饰器等五大类型，而在贵族墓中发现的青铜器主要是礼器和兵器。

可以说，夏代贵族墓中出现的礼器和兵器，奠定了我国青铜器以礼器和兵器为主的构架模式。传说夏禹铸九鼎，从此我国历史上才有了"定鼎"、"问鼎天下"和"一言九鼎"等说法。

商代青铜器

商代是我国青铜器的核心时期，是青铜时代波澜壮阔、光彩夺目的一页。商代早期的青铜器在郑州出土很多，这是因为郑州商城是商代早期都邑。

从出土的青铜器来看，无论在造型设计、花纹装饰，还是在铸造技术上较前代都有明显的进步。此时期的礼器种类增多，器物纹饰主体已是兽面纹，并开始出现了铭文。

西周青铜器

西周是我国古代铜器发展的重要时期。在此期间，青铜冶铸技术继续发展，铜器的数量有较大的增长，但种类有一个较明显的淘汰和更新过程。西周时期有许多铸工精湛、造型雄奇的重器传世，且多有长篇铭文。

铭文是西周器的重要特征。西周铸铭多具系年记事性质，成为编年分期研究西周铜器的重要依据。其内容又多可与古文献相互印证，字体则直接构成古文字研究的依据，故西周铭文对于考古学、文字学和历史学等都具有珍贵的价值。

春秋战国青铜器

春秋战国时期青铜器的主要特点是：列国器物大量出现；地域风格的形成；各地区之间逐渐交流；铸造技术的长足进步，反映出春秋战国时期生产力的提高。战国末年至秦汉末年这一时期，传统的礼仪制度已彻底瓦解，铁制品已广泛使用。

秦汉以来青铜器

至东汉末年，陶瓷器得到较大发展，把日用青铜器皿进一步从生活中排挤出去。至于兵器、工具等方面，这时铁器早已占了主导地位。

隋唐时期的铜器主要是各类精美的铜镜，一般均有各种铭文。自隋唐以后，青铜器便不再有什么发展了。

正因为这样，秦汉至隋唐的千百年间，所遗留下的青铜器便更显得弥足珍贵了。

青铜器的九大种类

不同时代的青铜器

我国的青铜器最早是以红铜或黄铜锻打的,稍后,出现了青铜铸造的铜镜。夏代青铜器种类尚少,器型小而单薄,纹饰亦较为少见。商代的青铜器已很发达。到了东周至春秋时期,随着王室衰微,诸侯

崛起，青铜器的铸造不再是王室的"专利"，各诸侯国竞相铸器，相继出现铸造、打制、铸接、焊接、鎏金、嵌金银等青铜器工艺。

每个时代的青铜器器形、铭文和纹饰特征不同。按年代可以分为夏代、商代早中期、殷墟时期、西周、春秋、战国、秦汉、魏晋南北朝、隋唐、宋元明清青铜器10大类。青铜器制造成本高，留下来的少，是文物收藏品中的一个重要的门类，青铜器主要分为鼎、酒器、食器、水器、乐器、兵器、量器、铜镜及杂器等9类。

烹煮盛贮肉类的"鼎"

鼎是青铜器最重要器种之一，是用以烹煮肉和盛贮肉类的器具。三代及秦汉延续2000多年，鼎一直是最常见和最神秘的礼器。一般来说鼎有三足的圆鼎和四足的方鼎两类，又可分有盖的和无盖的两种。

鼎有很小的，也有极大的。小的不足4寸；而鼎中之王应为1939年殷墟武官村吴家柏树坟园出土的司母戊大方鼎，高133厘米、长110厘米，重875公斤，形制非常雄伟，不但在中国，在世界考古上也是最大的青铜器。

祭祀宴客的"酒器"

在中国古代有"无酒不成礼"之说，故酒是祭神拜祖、礼仪交往、宴宾会客等活动的必备之物，盛酒的青铜器具也就自然成为礼器了。商代酒器最简单的组合是一爵一觚，用以斟饮。

爵、角、斝均为饮器，但形制有区别。角无柱，尾和流均呈三角形的尖端。斝的容量一般较大，有两柱而没有流和尾。商末周初，出现觯，与爵组合一起。觥也是一种饮器，其形制有盖、有流、有鋬，下有方座或四足。至于作为饮器的杯、樽出现在战国中期，至汉而盛行。

储酒器主要有尊、卣、方彝、瓿、罍、壶等。尊、卣相配套使用。方彝出现稍晚，也与尊相配合。一组尊，卣或尊，方彝，在古代是尊贵的酒器，有人认为尊贵之"尊"是因此而来的。

盛煮食物的"食器"

青铜食具也是礼器,因为用什么样的青铜器皿盛煮食物可以代表不同的等级。真正意义的食器有簋、簠、敦、豆等,簋是食器中最常见的一种,是盛黍稷等食物用的容器。其形制分为有盖、无盖、有耳、无耳之别。周代的簋,圈足以下多附有方座,这是由于古代人席地而坐,食器附座,便于取食。簋有器形很大的,如周历王簋,高59厘米,重60公斤。簋与鼎相配,为偶数,如八簋、六簋、四簋、二簋,可代表不同的贵族等级。春秋中期后,出现了敦这种食器,渐次流行。

春秋时代的敦圆体加盖,到战国时代,敦演变成盖器同形,全体呈卵圆形,俗称"西瓜鼎"。盨簋,敦同簋一样,呈偶数组合。

食器的另一类是豆。青铜豆有深腹的,有平盘的。战国时代有一种方体的豆,应叫"琦"。平盘的豆,自名为"铺",可能即古文献中的笾,用以盛放干果肉脯之类。

盛水洗浴的"水器"

水器之中,最常见的是盘,匜。在西周中叶以前,盘不是与匜相配而是同有管状流的盉相配合,西周晚期才被匜所取代。

鉴也是重要的水器之一,或者无耳,或有两耳、四耳。它是一种大盆,通常有三种用处:其一,是盛水用以洗浴;其二,贮水藉以照面;其三,用来装冰,即《周礼》所说的冰鉴。

鉴这个字解作镜子、光照、审查,即源于此。

演奏敲击的"乐器"

青铜制乐器的种类较多,最早的莫过于距今4000年前后的铜铃。其他如铙、钟、镈、鼓、錞,于商代后期才流行起来。铙,流行于商代晚期,它的口朝下,上面有长甬,甬端置立于木制的器座上,演奏时,用木锤敲击器口的中间部位。

铙可分两种,一种是独立的,器形较大,有的重达150余公斤;另

021

一种有五、三件大小不一，代表不同音阶的铙构成编铙。铙被倒置过来，悬挂起来演奏，以得到更为清澈的音响，这就是钟。

而镈是一种平口的钟形乐器，是用环形的钮悬挂的，挂起来时，位置垂直。铜鼓在中原一带罕见，西南地区的大量铜鼓，是秦汉以后的，但地域色彩极浓。

用于战争的"兵器"

"国之大事，在祀与戎。"因此，最先进的技术最先用于制作兵器，青铜铸造技术也不例外。古代的青铜兵器和我们后来常见的十八般兵器有所不同，青铜兵器种类较多，如钺、刀、剑、戈、矛、铍、镞、殳、弩机、甲胄，等等，功能和形状也较为原始。

最常见的青铜兵器是钺。它是用于斩杀的刑具，因而又演化成为权力的象征。古代王者出师，手中常持钺。中国青铜剑制作，其时代可上溯到商。西周早期出现柳叶形的剑。东周时期，战争频繁，剑得到充分发展，长度可达1米以上。短剑应称之为匕首。这一时期出现了

不少稀世珍宝，许多名剑和制剑大师的名字也从此流传百世。

测量容积用的"量器"

我们通常所说的量器包括度、量、衡三方面。用以度量长度的，主要是铜尺。测量容积用的量器，依其容积自命名，有撮、勺、龠、升、参（三分之一斗）、半（二分之一斗）、斗、斛等名称。称量重量的有衡，即天平。《墨子》一书中说，战国时期中国已有了杆秤，有了杆秤就应有"权"，但在考古学上尚未发现实物，故尚待考证。

装饰照像的"铜镜"

中国铜镜起源较早，被确认最早的三件铜镜属距今4000年的齐家文化。它们的制作较粗糙，但系青铜镜已无疑问。夏、商、西周早期也有铜镜发现，随后西周春秋时期的铜镜得以确认。这时期的铜镜都是圆形的，背面有很窄的钮，并有几何形或鸟兽形装饰。

战国两汉时期，铜镜得到了充分的发展，成为极其重要的富有特色的一种艺术品。此时的铜镜背面常有各种不同的铸塑装饰物如虎、龙等。还有的铜镜铸有篆书阳文，这对我们研究这一时期的社会史有参考作用。

唐代是铜镜制作的又一个鼎盛时期，平脱镜、螺钿镜、金背镜、银背镜屡有发现，纹饰题体丰富多彩，制作水准极高，一些保存较好的唐镜仍能光洁如初。唐以后铜镜制作开始走下坡路，五代北宋就基本上见不到铜镜流传了，这可能与玻璃镜制镜技术的输入及流行有关。

宗教礼仪使用的"杂器"

除了上述这几大类型的青铜器之外，还有一些普通的青铜制生活用具，包括部分宗教礼仪性质的用品，如灯、炉、熏炉、杖首、梳、笄、线盒、带钩、金铫、熏器、滤斗、建筑饰件等。

这类器物主要出现在战国以后，与青铜器功能发生变化有关。带钩、玺印、货币数量多，也有特色。

青铜器的收藏鉴别

青铜器收藏的门槛很高，没有一定鉴赏水平，贸然步入收藏，就会收到赝品，上当受骗。为此，收藏青铜器，一定要具备相关知识。

青铜器的特点

青铜器物是铜锡合金，有较强的硬度，不像秦砖汉瓦、甲骨陶瓷及书画碑帖等易于破碎，而是便于长期收藏。再则青铜器皿形态各异古朴典雅，线条畅达，这也是其他古玩所无法企及的。

1.我国青铜器数量大，种类繁多。究竟我国有多少件青铜器物，这是谁也无法统计的数字。有人统计过，仅以有铭文的青铜器物而论，从汉代到今天，出土就达1万件以上。数量大、品种繁的中国青铜器无疑增加了鉴定的难度，这是中国青铜器的特点之一。

2.我国青铜器分布地区广，且质量上乘。我国

青铜器出土较为集中的地区是中原,但它的分布范围远远超出中原地区,东北、西北、巴蜀、岭南甚至西藏及东海渔岛上都发现有青铜器。这些青铜器造型生动、精美,风格各异,呈现出各自不同的艺术风格。这是国外青铜器铸品望尘莫及的。

3.器物铭文可以说是我国青铜器最大的特点。世界各地古青铜器绝大多数没有铭文,只有印度出土的少量青铜器或铸有很短的铭文。我国古铜器有铭文者仅出土的就达1万余件,这些铭文字体或粗犷放达,或苍劲有力,具有很高的书法欣赏价值。这些铭文也是鉴定中最难把握的一环。

4.以容器为主的我国青铜器也在世界青铜文化中独树一帜。就世界范围而言,从印度河流域到巴尔干半岛,从米诺斯文明到迈锡尼文明,其青铜器的代表作大多为武器,如戈、矛、刀、箭、剑、戟、镞等,而我国却以铸造难度较大、纹饰复杂的容器为主。这些容器,尤其鼎,是为国家重器。其寓意深奥、内涵丰富,与政治纠缠在一起的神秘性始终是鉴定家及藏家们感兴趣的问题。

青铜器的赝品识别

由于青铜器这种藏品具有巨大的经济利益,一些不法分子纷纷仿制，以假乱真，骗取不义之财。这些赝品的工艺造假手段主要有以下几种：

1.工艺造假。商周时代的青铜器使用土陶范法铸造而成，现代仿造常用三种方法，即翻砂法、精铸法、失蜡法。不管哪种方法，都会在青铜器产品上留下印记，如范线、壁厚，还有垫片痕。

2.器型造假。器型作伪主要有：器物整体作伪、器物部分作伪，还有后刻花法、新胎贴老锈、伪造铭文等办法。

3.锈色造假。主要有两种作伪方法。一种是短时间内用化学药水浸造，然后再埋进土里，让锈自然长出来。有些经过浸泡的仿品，还需要同原墓中的墓土一起埋到地下，再在其上种些有根系的植物，这就叫"养"。经过三到五年，植物的毛细管就长到了仿品上，这时再拿出来，很能乱真。另一种是涂抹黏附而成，做出来的锈，多表现为锈浅浮、色粉绿、无硬度、易脱落。

青铜器的真伪鉴定

那么，如何鉴别青铜器的真伪呢？

1.要看藏品的锈色。一般说来,流传至今的大多是出土铜器,常见有绿锈、红锈、蓝锈、紫锈等。拿到一件铜器,先要用眼看,若锈色与器体合一,深浅一致合度,坚实匀净,莹润、自然,则为自然生成的锈色。若锈色浮在器物之上,绿而不莹,表皮锈,而且不润泽、刺眼,就是伪锈了。

2.感觉手感和声响。用手掂量,若过轻或过重就要引起注意了。另外还可用手敲击实物,听其声响。若声微细而清脆则可;若声浑浊,发出"嗡"音,则需提高警惕了。

3.要看藏品的花纹和款识。这是鉴别铜器的一个重点。夏代铜器花纹简单;商代花纹华丽繁缛,且多遍体生花;西周大致与商同,但后期趋向素朴;春秋战国的花纹清新活泼;秦汉重实用。

至于款识,主要可从其字体加以辨别。商代字体规整,笔势遒劲大方;周朝早期沿袭波磔体;春秋时书体有肥体和瘦体;战国金文字体大金不考究;秦朝统一了文字,通用小篆。

4.要观察铜质与器型。铜质的鉴别较简便,翻看铜器的底,若出黄铜质地,则是伪品;足底若已伪制了铜色,用热碱水刷洗,就能看到其本来面目。

5.除要记清楚铜器的器型、名称外,还要了解什么年代铸什么铜器、什么样式的铜器是什么年代铸的。例如钫,钫是方形,盛器,是战国末期出现的;若其按三代做工、锈色制,为伪品。

青铜器做工非常讲究,与如今的机器制造的产品毫无差别。如果是重要的器皿,更是精妙雅致,可以称得上是鬼斧神工。即使不懂和不爱铜器的人,见了也知道是珍贵物品,并因而爱不释手。如果看到做工潦草、器型不规整、器身遍布砂眼的,那它肯定是假的青铜器。

NO3. 玉器的收藏指导

玉石的文化与历史

我国玉文化

发源于新石器时代早期而绵延至今的"玉文化"是我国文化有别于世界其他文明的显著特点。

中国人把玉看做是天地精气的结晶，用作人神心灵沟通的中介物，使玉具有了不同寻常的宗教象征意义。取之于自然，琢磨于帝王宫苑的玉制品被看做是显示等级身份地位的象征物，成为维系社会统治秩序所谓"礼制"的重要构成部分。

同时，玉在丧葬方面的特殊作用也使玉具有了无比的神秘宗教意义。把玉本身具有的一些自然特性比附于人的道德品质，作为所谓君子应具有的德行而加以崇尚歌颂，更是中国人的伟大创造。因此，玉于古代中国所产生出来的精神文化在世界文明中是非常有意思的一个特例，是东方精神生动的物化体现，是中国文化传统精髓的物质根基。

中国玉作为这一独特文化的物质基础，是中华民族的先民从各种石头中筛选出来的"石之美者"，具有温润莹泽、缜密坚韧的美感和实用功能。这个筛选过程极为漫长，可以说贯穿于石器时代的始终。在这个漫长的筛选过程中，"昆山之玉"也就是"和田玉"成为公认的"宝玉"、"真玉"。

我国是爱玉之国、崇玉之邦，玉石来源约有100余处。我国历史上在用玉制度方面早已体现出真玉、非真玉的界定。帝王是我国古代最

高阶级，和田玉在成为真玉的同时，也就成为帝王用玉。此后，经过无数的岁月，和田玉方才走入民间，遍及中国人生活的方方面面。

和田玉是中华民族的瑰宝，是我国的"国石"。它像一颗明珠，在我国历史文化中放射出灿烂的光辉，是中华民族道德精神的象征。和田玉与中国文明的发生、发展有着密不可分的关系，可谓渊源深远。

玉石的历史

我国考古学者最新研究考证并提出了我国在石器和青铜器、铁器时代之间存在着一个玉器时代，有着3000多年的历史，玉器时代是中国文明的起源时代。早在新石器时代，昆仑山下的先民们就发现了和田玉，并作为瑰宝和友谊媒介向东西运送和交流，形成了我国最古老的和田玉运输通道，"玉石之路"，即是后来的"丝绸之路"的前身。

和田玉7000多年的开发利用历史，证明了我国边疆和中原、东方和西方的文化与商贸交流的第一个媒介既不是丝绸，也不是瓷器，而是和田玉。和田玉在东西方文化和经济交流中起着重要的作用。和田玉历来是中国各民族友谊的象征物，和田玉作为历史的鉴证，雄辩地证明了新疆自古以来就是中国不可分割的一部分。

五彩校园文化艺术活动丛书

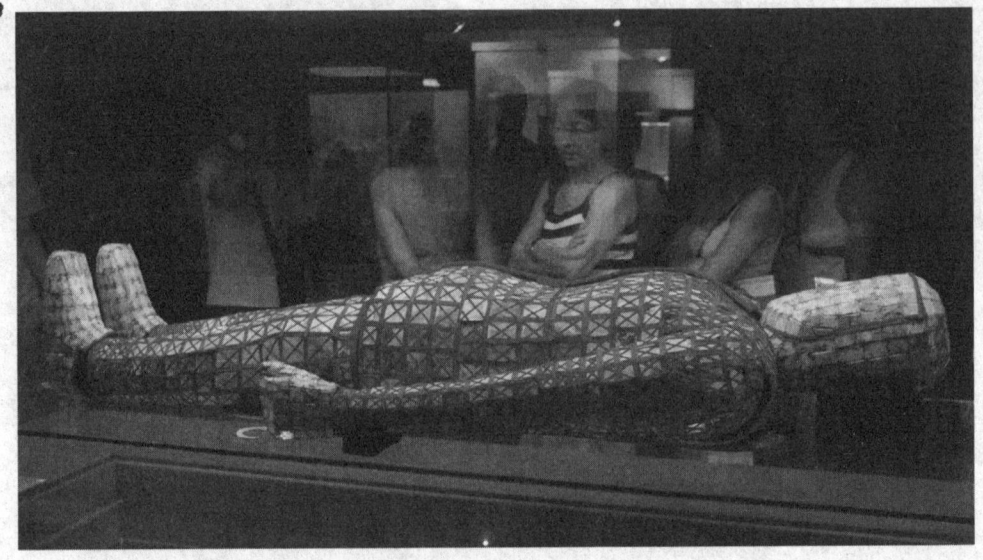

　　从殷商开始，中国就开辟了以和田玉为主体的玉器工艺美术新时代。由于和田玉登上了华夏民族的玉坛，才出现了称誉世界的"东方艺术"，才形成了一部波澜壮阔的中国玉器史，成为中华民族灿烂文化的重要组成部分，同时也是人类艺术史上的辉煌成就和世界文化艺术宝库的珍贵遗产。

　　由于和田玉的优良玉质，几千年来在中华民族中形成了民族爱玉心理，对玉的爱好，可以说是中国文化特色之一。3000多年以来，玉的质地、形状和颜色一直启发着雕刻家、画家和诗人们的灵感。

　　有7000多年历史的我国玉文化，延续时间之长，内容之丰富，范围之广泛，影响之深远，是许多其他文化难以比拟的。中国玉文化的辉煌不亚于伟大的长城和秦代兵马俑的奇迹。中国玉文化的成就远远超过了丝绸文化、茶文化、瓷文化和酒文化。

　　我国玉文化包含着伟大的民族精神，有"宁为玉碎"的爱国民族气节；"化为玉帛"的团结友爱风尚；"润泽以温"的无私奉献品德；"瑜不掩瑕"的清正廉洁气魄；"锐廉不挠"的开拓进取精神。

玉石的种类和产地

玉石的种类

中国古代的玉石种类非常复杂,很难区分。19世纪的法国矿物学家德穆尔根据现代地质学的理论,将玉分为"硬玉"和"软玉"两种,这一分类的方法沿用至今。

"硬玉"专指翡翠,属辉石类,单斜晶系。质地坚密,有玻璃光泽,对着光看有隐约的水晶结构。其摩氏硬度为7,硬度较高,比重为3.33,拿在手里面有沉甸甸的压手感。

翡翠的颜色因含有的铬元素质量分数不同而显白或绿色。常见的翡翠颜色有白、灰、粉、淡褐、绿、翠绿、黄绿、紫红等,多数不透明,个别半透明,有玻璃光泽。

按颜色和质地分,有宝石绿、艳绿、黄阳绿、阳俏绿、玻璃绿、鹦哥绿、菠菜绿、浅水绿、浅阳绿、蛙绿、瓜皮绿、梅花绿、蓝绿、灰绿、油绿,以及紫罗兰和藕粉地等20多个品种。一般以白色泛绿种类最为常见,以翠绿色为贵。

因而在硬玉传入我国后,被冠以翡翠之名。翡翠的流行史没有软玉长,其出产地也主要集中于缅甸、日本新潟县以及北陆沿海。危地马拉、美国、俄罗斯也有少量出产。

"软玉"属角闪石类,其摩氏硬度最高一般不超过6~6.5,较硬玉软。软玉的种类非常多,岫玉、南阳玉、蓝田玉、和田玉、玛瑙、

水晶、珊瑚、绿松石、青金石，等等，均属于软玉范畴。后来由于丝绸之路的开通，新疆和田地区出产的玉石得到了一致的认可，开始在宫廷、官方及民间的玉器加工中，逐渐成为主角，软玉逐渐演变成了和田玉的代名词。

角闪石、阳起石类软玉，前苏联化学家曾将软玉命名为"中国玉"。软玉的大部分在国际通用标准上并不被认为是玉，而是其他的矿物。但在少数国家，如中国，它们依然被当做玉的一个类别而交易。

依照软玉石质的颜色，也有数个亚种：纯白色具有油脂光泽的羊脂玉；泛白色的白玉、青白玉、青玉、碧玉、黄玉和墨玉以及较为稀少的糖玉等。

玉石的产地

我国是世界上主要产玉国之一。不仅开采历史悠久，而且分布地域极广，蕴量丰富。在我国玉矿带可分为三大板块：一是我国东北、内蒙古延伸至俄罗斯地区；二是我国江浙地区直至台湾；三是新疆、

西藏和青海地区。而新疆和田、河南独山、辽宁岫岩、陕西蓝田,并称我国四大美玉产地。目前,我国与中美洲和新西兰并称世界三大产玉国中心。

和田玉:主要分布于新疆和田绵延1500千米的昆仑山脉北坡,共有9个产地。和田玉的矿物组成以透闪石、阳起石为主,并含有微量的透辉石、蛇纹石、石墨、磁铁等矿物质,形成白色、青绿色、黑色、黄色等不同色泽,多数为单色玉,少数有杂色。

玉质为半透明,抛光后呈脂状光泽,硬度在5.5度至6.5度之间。

蓝田玉:蓝田地处西安古城附近,蓝田玉的名称初见于《汉书·地理志》,张衡《西京赋》、《广雅》、《水经注》等古书,也有蓝田产玉的记载。这种玉的玉质从外观上看,有黄色、浅绿色等不均匀的色调,并伴随浅白色的大理岩。玉质硬度为4度左右,容易加工,所以古人采用做为装饰品。

南阳玉:南阳玉因产河南省南阳而得名,又因矿区在南阳的独

山,故又称"独山玉"。南阳玉色泽鲜艳,质地比较细腻,光泽好,硬度高,可同翡翠媲美。玉质的颜色有多种色调,以绿、白、杂色为主,也见有紫、蓝、黄等色。南阳玉硬度为6~6.5,有玻璃光泽,多数不透明,少数微透明。据文字记载,南阳玉在汉代就已开采。近来考古出土的资料将南阳玉的开采推到商晚期以前。

岫岩玉:产于我国辽宁省岫岩,岫岩县是一个山清水秀、物产丰富、藏风聚气的风水宝地。经过千万年的自然演化,凝聚了千万年的日月山川之精华,从而孕育产生了闻名于世的国宝珍品岫岩玉。

岫玉是我国四大名玉之一,大体分两类,一类是老玉,也称河磨玉,其质地朴实、凝重、色泽深绿,是一种珍贵的璞玉;另一类是软玉,其质地坚实而温润,细腻而圆融,多呈绿色,而其中以纯白、金黄两种颜色是罕世之珍品。

独山玉:又称"南阳玉"或"南玉",产于河南南阳市城区北边的独山。为全国四大名玉之一。独山玉质坚韧微密,细腻柔润,光泽透明,色泽斑驳陆离。有绿、白、黄、紫、红、白6种色素77个色彩类型,是玉雕的一等原料。

独山玉雕,历史悠久,1959年在独山附近的黄山新石器时代遗址出产的玉铲,证明早在5000余年前先民们已认识和使用了独山玉。独山脚下"玉街寺"遗址,为汉代雕刻玉器的地方。

绿松石:又名绿宝石,因其色、形似碧绿的松果而得名,是世界上稀有的贵宝石品种之一。

绿松石制品现已成为重要的收藏品,是一种次生矿物,由含铜、铝、磷的地下水在早期花岗岩石中淋滤而成,在近地表的矿脉中沉淀形成结核,被岩脉的基质所包裹。绿松石是最早用作饰物的矿物品种。1900年,埃及的一座古墓中出土了4只绿松石包金的手镯。

玉器的收藏及辨伪

玉器的分级

品质等级：玉的品质可分为10级，每一级又可细分为上、中、下3档。如何区分玉器的这些类别呢？

A类玉是指经过手工工艺雕琢之后，并没有改变其原本品质的天然玉石，就是大家常说的真货，它一般会有国家珠宝鉴定中心的认证；B类玉是指将一些有很多杂质的劣质玉石，通过酸洗将里面的杂质去除，再注入透明的液体，使其变得更加晶莹漂亮的玉器；而C类玉则即对其酸洗去杂质又进行染色，已经是完全人工制成的假玉石。

专家称："由于后两者的内部结构已被改变，所以在价值上与A类玉器有着几十倍的差距。现在这种用B类、C类货来冒充天然玉器的做法市场上普遍存在。"

玉饰的鉴别方法

色：即玉的颜色要均匀，不能色调不一，还要色泽鲜明，没有与其他杂色混在一起。专家还强调，不要在灯光下观其颜色，因为玉器的颜色在灯光下的视觉效果要比自然光线下的效果好很多。

底：指玉的通体要剔透，没有杂质和黑斑。如果是B类、C类玉，其内部常有结晶状的小块。

水：即真玉表面会非常光洁、温润，不会出现毛细裂纹，而如果是经过酸洗的则经常会出现如同"呢子大衣上粘着的小细毛毛"一样的纹路。

工：就是玉器的制作工艺。如果细致观察，真正的上品玉器都有其自己独特的造型，而B类、C类玉则大多都是经过机器模子打造出来的，造型几乎一模一样。另外，购买者也可将玉器用细绳吊在空中，用金属轻轻敲击，若是A类玉会发出一种清脆悦耳之声；如果是人工处理品则会发出很实、很低沉闷哑的声音。

玉器的辨伪方法

目前在玉器的识伪中没有仪器进行有效的测试，但是利用我们掌握的科技文化知识，完全有能力对玉器真伪进行有效识别。

首先从玉器使用材料上辨别。主要有白玉、青玉、黄玉、碧玉、岫岩玉等，而目前赝品有相当一部分使用的新开发的石料、矿料，或用黄岫岩假冒黄玉。在实践中必须掌握和分清真伪玉器材料上的差别，分清同一种材料的新旧差别。

要知道硬度、密度的不均匀性及玉石材料的可渗透性。当掌握了玉石材料的基本特性以后就能够分析古玉在特定环境和条件下，埋藏的时间长短，对玉器本身应该造成的影响，有哪些氧化腐蚀特征，并掌握其演化过程的各种特征规律。

而赝品不是根据材料的特性，也不根据真品的各种特征，只是根据真品的表面效果进行模仿，违反了自然氧化和演变的规律，与真品有本质上的差别。

这种受浸蚀而老化的现象与赝品使用新材料或老旧残料进行重新切割磨制加工，成型后所暴露出来的新工艺面会产生明显的色差或破坏原有的氧化皮层。因为从古至今所使用的都是千百万年形成的同一种材料，在辨伪中只能把识别材料作为辨伪的依据，如果材料上无法有效地确认差别，应该从其他方面继续搜寻真伪的差别证据。

目前赝品所使用的是一些质量极差、价格极低的玉石杂色料或石

性严重的次料进行伪造。成型以后再进行人为强化腐蚀,造成玉器表面形成极厚的氧化腐蚀皮层。这种皮层容易脱落而且脱落后根本没有洁净透润的质地。这种花地杂色料是历代古玉不使用的,只是现代骗人用的一种石料。

其次从造型结构上确认真与伪。在辨伪中,有些玉器可以从造型结构上确认真与伪,但是有些高仿赝品极难识别。在这种情况下,要从其他方面搜寻真与伪的差别证据。由于民间玉器的风格造型极其古怪复杂,因而不能以器型风格决定其真伪,而只能作为感觉效果判断的一项参考。

作为玉器艺术的工艺与美术的完美结合体,古玉完美地体现了工艺效果。

而赝品在这方面有明显缺陷和不足,要么结构造型美而工艺技术磨制却达不到这种效果,要么工艺设计有缺陷。我们必须承认,机械

五彩校园文化艺术活动丛书

化程度的高低必然会对产品的工艺质量和标准造成程度不同的影响。

从古至今制造玉器设备工艺和工具材料在不断地改革发展提高，因此不同的历史时期也就产生了不同的工艺技术特征。当我们掌握了真品的基本特征，就会认识到现代赝品哪些部位工艺不对，哪些工艺技术磨制有缺陷。

要认识到玉器的加工方式从古至今始终利用的半手工半机械化的方式，在实践中必须分析工艺效果，哪些是机械设备本身的性能造成，哪些又是人为手工操作的不稳定性造成，从这方面区别真伪。另一方面要有能力认识磨制水平的差异所造成的某些工艺效果，识破赝品故意制造工艺误差或某些工艺技术缺陷，对比真伪玉器工艺死角部位的差异。

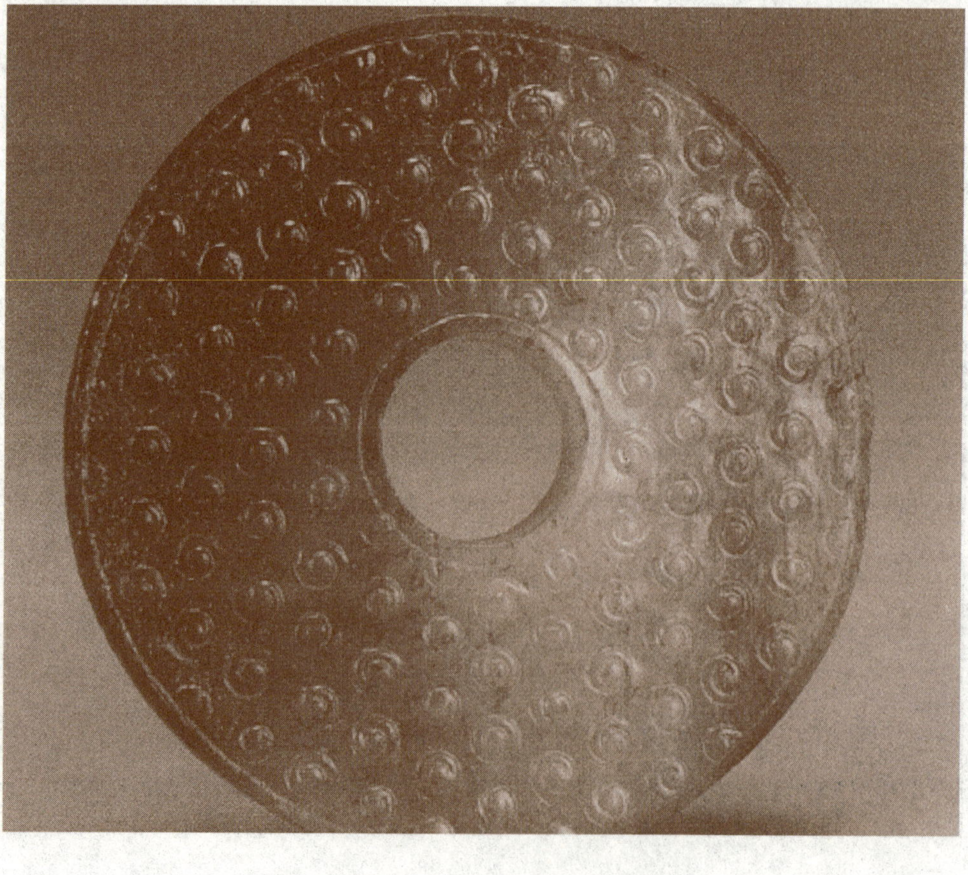

古玉器的加工磨制主要采用游离沙式的研磨方式，这与现代赝品的固定磨削式的成型的玉器有明显的工艺差别。要掌握历代古玉在工艺磨制程序方面的规律，以及各种工艺技术处理手段方面的特征规律，对比赝品哪些部位的程序和处理手段有差别。

其三，从赝品的制假手段和技术上鉴别。要分析和掌握真伪玉器的玻璃光效果差别，以及一般光亮玉器差别，并分析出光亮方面的技术和材料差别及造成这种差别的原理，从而区别真伪亮度效果差异。

玉器被氧化浸蚀部位大部分是由于某部位的硬度、密度及耐腐蚀性差造成的，特别是由于内部应力造成的玉器裂纹，这种状态会被首先渗透或浸蚀。它与赝品人为制造的假效果有结构上的差别。

现代赝品利用色料、边角脏料假冒玉器的氧化，特别是利用材料本身的氧化石假冒，这种造伪已成为当前最重要的模仿手段。实际上这类被假冒的部位其硬度、密度结构和色差，与真品存在本质上的差别，必须识别哪些是色料杂料和天然氧化皮仿造的赝品，哪些是真正腐蚀受沁。真正的古玉无论受到哪些氧化腐蚀受沁都会产生硬度变化、色差变化、渗透过度等现象，而赝品有人为制造的明显的渗透现象、硬度变化、色差和过度等现象。要在广泛的实践中掌握真品氧化腐蚀受沁的特征规律，在此基础上区别哪些是人为的强化作伪，哪些是玉器的真正腐蚀受沁。

最后，还要辨别玉器的生坑与熟坑。所谓生坑指出土以后没有进行过任何清造处理，玉器本身粘附着各种沉积物质，而且附着力极强。而赝品是人为制造在玉表的附着物，这种人造附着物质粘结密度及粘结力很差，这是辨别真伪的一方面，生坑玉器应没有任何人为处理留下的痕迹。

NO4. 陶瓷的收藏指导

陶瓷的历史概述

陶瓷历史简述

陶瓷的发展史是中华文明史的一个重要的组成部分，我国作为四大文明古国之一，为人类社会的进步和发展做出了卓越的贡献，其中陶瓷的发明和发展更具有独特的意义，造就了我国历史上各朝各代不同艺术风格和不同技术特点。

英文中的"china"既有中国的意思，又有陶瓷的意思，清楚地表明了我国就是"陶瓷的故乡"。早在欧洲人掌握瓷器制造技术1000多年前，中国人就已经制造出很精美的陶瓷器。我国是世界上最早应用陶器的国家之一，而我国瓷器因其极高的实用性和艺术性而备受世人的推崇。

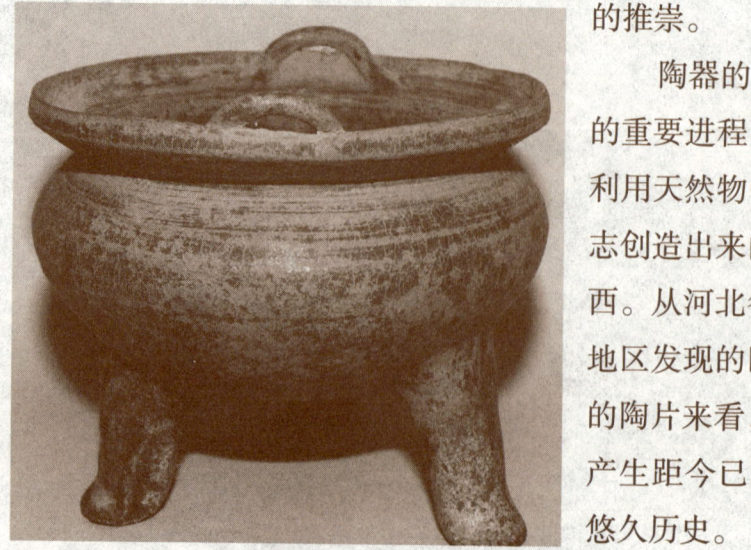

陶器的发明是人类文明的重要进程，是人类第一次利用天然物，按照自己的意志创造出来的一种崭新的东西。从河北省阳原县泥河湾地区发现的旧石器时代晚期的陶片来看，在中国陶器的产生距今已有11700多年的悠久历史。

陶器是用泥巴（黏土）成型晾干后，用火烧出来的，是泥与火的结晶。中华民族对黏土的认识是由来已久的，原始社会的生活中离不开黏土，原始人发现被水浸湿后的黏土有黏性和可塑性，晒干后变得坚硬起来。

我们祖先对于火的利用和认识历史也是非常远久的，大约在205万年至70万年前的元谋人时代，就开始用火了。他们在漫长的原始生活中，发现晒干的泥巴被火烧之后，变得更加结实、坚硬，而且可以防水，于是陶器就随之而产生了。

陶器的发明揭开了人类利用自然、改造自然、与自然作斗争的新的一页，具有重大的历史意义，是人类生产发展史上的一个里程碑。

陶瓷的发展史

从目前所知的考古材料来看，陶器中的精品有旧石器时代晚期距今1万多年的灰陶、有8000多年前的磁山文化的红陶、有7000多年的仰韶文化的彩陶、有6000多年的大汶口的"蛋壳黑陶"、有4000多年的商代白陶、有3000多年的西周硬陶，还有秦代的兵马俑、汉代的釉陶、唐代的唐三彩等。

到了宋代，瓷器的生产迅猛发展，制陶业趋于没落，但是有些特殊的陶器品种仍然具有独特的魅力，如宋辽三彩器和明清至今的紫砂壶、琉璃、法花器及广东石湾的陶塑等，都是别具一格，备受赞赏。

中国瓷器的发明和发展，有着从低级到高级，从原始到成熟逐步发展的过程。早在3000多年前的商代，中国已出现了原始青瓷，再经过1000多年的发展，到东汉时期终于摆脱了原始瓷器状态，烧制出成熟的青瓷器，这是中国陶瓷发展史上的一个重要里程碑。

经过三国、两晋、南北朝和隋代共330多年的发展，到了唐朝中国政治稳定、经济繁荣。社会的进步促进了制瓷业的发展，如北方邢窑白瓷"类银类雪"，南方越窑青瓷"类玉类冰"，形成"北白南青"

的两大窑系。同时唐代还烧制出雪花釉、纹胎釉和釉下彩瓷及贴花装饰等品种。

宋代是中国瓷器空前发展的时期，出现了百花齐放、百花争艳的局面，瓷窑遍及南北各地，名窑迭出，品类繁多，除青、白两大瓷系外，黑釉、青白釉和彩绘瓷纷纷兴起。

举世闻名的汝、官、哥、定、钧五大名窑的产品为世所珍。还有耀州窑、湖田窑、龙泉窑、建窑、吉州窑、磁州窑等产品也是风格独特，各领风骚，呈现出欣欣向荣的好局面，是中国陶瓷发展史上的第一个高峰。

元代在景德镇设"浮梁瓷局"统理窑务，发明了瓷石加高岭土的二元配方，烧制出大型瓷器，并成功地烧制出典型的元青花和釉里红及枢府瓷等，尤其是元青花烧制成功，在中国陶瓷史上具有划时代的意义。

宋、金时战乱后遗留下来的南北各地的主要瓷窑仍然继续生产，其中龙泉窑比宋时更加扩大，其中梅子青瓷是元代龙泉窑的上乘之

作。还有"金丝铁线"的元哥瓷，应是仿宋官窑器之产物，也是旷世稀珍。

明代从洪武三十五年开始在景德镇设立"御窑厂"，两百多年来烧制出许许多多的高、精、尖产品，如永宣的青花和铜红釉、成化的斗彩、万历五彩等都是稀世珍品。御窑厂的存在也带动了民窑

的进一步发展。景德镇的青花、白瓷、彩瓷、单色釉等品种，繁花似锦，五彩缤纷，成为全国的制瓷中心。还有福建的德化白瓷产品都十分精美。

清朝康、雍、乾三代瓷器的发展臻于鼎盛，达到了历史上的最高水平，是中国陶瓷发展史上的第二个高峰。景德镇瓷业盛况空前，保持中国瓷都的地位。

康熙时不但恢复了明代永乐、宣德朝以来所有精品的特色，还创烧了很多新的品种，并烧制出色泽鲜明翠硕、浓淡相间、层次分明的青花。郎窑还恢复了失传200多年的高温铜红釉的烧制技术，郎窑红、缸豆红独步一时。还有天兰、洒兰、豆青、娇黄、仿定、孔雀绿、紫金釉等都是成功之作，另外康熙时创烧的珐琅彩瓷也闻名于世。

雍正朝虽然只有13年，但制瓷工艺到了登峰造极的地步，雍正粉彩非常精致，成为与号称"国瓷"的青花互相比美的新品种。

乾隆朝的单色釉、青花、釉里红、珐琅彩、粉彩等品种在继承前朝的基础上，都有极其精致的产品和创新的品种。

乾隆时期是中国制瓷业盛极而衰的转折点，到嘉庆以后瓷艺急转直下。尤其是道光时期的鸦片战争，使中国沦为半殖民地半封建社会，国力衰竭，制瓷业一落千丈，直到光绪时稍微有点回光返照。但1911年辛亥革命爆发，清王朝寿终正寝，长达数千年的中国古陶瓷发展史也至此落下帷幕。

陶瓷的不同分类

陶瓷的分类

陶瓷制品的品种繁多，它们之间的化学成分、矿物组成、物理性质，以及制造方法，常常互相接近交错，无明显的界限，而在应用上却有很大的区别，因此很难硬性地归纳为几个系统。详细的分类法各家说法不一，国际上还没有一个统一的分类方法。常用的有如下几种从不同角度出发的分类法。

按烧制时间分类

这是最常用的一种分类和命名方法。它包含两个方面：

一是划出"朝"，如唐瓷、宋瓷、明瓷、清瓷等；二是划出"年代"，一般用于明清瓷器，如明洪武窑、明宣德窑等。烧制地点指总的烧制区域。如"越窑"泛指浙江余姚、上虞、绍兴地区的窑址，"耀州窑"泛指陕西铜川市的黄堡镇、陈炉镇、立地坡、上店及玉华宫等窑址。

按烧制特征分类

胎质、釉色、装饰、形制和铭文是构成瓷器的五大要素。其中，釉色又是区别瓷器类别的一个重要标准。

我国陶瓷在发展中经历了单色釉到多色釉（彩釉）的过程。单色釉包括青釉、白釉、红釉、蓝釉、黄釉、绿釉、黑釉等，而青釉又可分为粉青、天青、豆青等，白釉分甜白、青白，红釉有霁红、牛血红、豇豆红等。

多色釉包括两种：一种用釉色与形状不一的色块构成釉面，如均釉等；另一种用釉彩勾勒图案，如青花、粉彩等，习惯上又称为"彩瓷"。彩瓷具体又可分为釉上彩、釉下彩和双层夹彩三种。

按烧制窑别分类

这是我国封建等级制度最生动形象的反映。官窑器泛指官办窑厂专为皇室烧制的产品，始于唐五代，明清时盛况空前。民窑器则是民间窑厂烧制的各种产品。官窑器工艺精美、端庄华贵，民窑器则显得洒脱、生动。

按花面装饰方式分类

按花面特色可分为釉上彩、釉中彩、釉下彩和色釉瓷及一些未加彩的白瓷等。

五彩校园文化艺术活动丛书

釉上彩陶瓷就是用釉上陶瓷颜料制成的花纸贴在釉面上或直接以颜料绘于产品表面，再经700℃~850℃烤烧而成的产品。因烤烧温度没有达到釉层的熔融温度，所以花面不能沉入釉中，只能紧贴于釉层表面。如果用手触摸，制品表面有凹凸感，肉眼观察高低不平。

釉中彩陶瓷彩烧温度比釉上彩高，达到了制品釉料的熔融温度，陶瓷颜料在釉料熔融时沉入釉中，冷却后被釉层覆盖。用手触摸制品表面平滑如玻璃，无明显的凹凸感。

釉下彩陶瓷是我国一种传统的装饰方法，制品的全部彩饰都在瓷坯上进行，经施釉后高温一次烧成，这种制品和釉中彩一样，花面被釉层覆盖，表面光亮、平整，无高低不平的感觉。

色釉瓷则在陶瓷釉料中加入一种高温色剂，使烧成后的制品釉面呈现出某种特定的颜色，如黄色、兰色、豆青色等。

白瓷通常指未经任何彩饰的陶瓷，这种制品市场上销量一般不大。

按所用原料及坯体分类

按所用原料及坯体的致密程度分类可分为粗陶、细陶、炻器、半瓷器、以至瓷器，原料是从粗到精，坯体是从粗松多孔，逐步到达致

密，烧结，烧成温度也是逐渐从低趋高。

粗陶是最原始最低级的陶瓷器，一般以一种易熔黏土制造。在某些情况下也可以在黏土中加入熟料或砂与之混合，以减少收缩。烧成后坯体的颜色决定于黏土中着色氧化物的含量和烧成气氛，在氧化焰中烧成多呈黄色或红色，在还原焰中烧成则多呈青色或黑色。

精陶按坯体组成的不同，又可分为：黏土质、石灰质、长石质、熟料质等四种。黏土质精陶接近普通陶器。石灰质精陶以石灰石为熔剂，其制造过程与长石质精陶相似，而质量不及长石质精陶，因之近年来已很少生产，而为长石质精陶所取代。长石质精陶又称硬质精陶，以长石为熔剂。是陶器中最完美和使用最广的一种。

炻器在我国古籍上称"石胎瓷"，坯体致密，已完全烧结，这一点已很接近瓷器。但它还没有玻化，仍有2%以下的吸水率，坯体不透明，有白色的，而多数允许在烧后呈现颜色，所以对原料纯度的要求不及瓷器那样高，原料取给容易。

半瓷器的坯料接近于瓷器坯料，但烧后仍有3%～5%的吸水率（真瓷器，吸水率在0.5%以下），所以它的使用性能不及瓷器，比精陶则要好些。

瓷器是陶瓷器发展的更高阶段。它的特征是坯体已完全烧结，完全玻化，因此很致密，对液体和气体都无渗透性，胎薄处呈半透明，断面呈贝壳状，以舌头去舔，感到光滑而不被粘住。

软质瓷的熔剂较多，烧成温度较低，因此机械强度不及硬质瓷，热稳定性也较低，但其透明度高，富于装饰性，所以多用于制造艺术陈设瓷。

特种陶瓷是随着现代电器，无线电、航空、原子能、冶金、机械、化学等工业以及电子计算机、空间技术、新能源开发等尖端科学技术的飞跃发展而发展起来的。这些陶瓷所用的主要原料不再是黏

土、长石、石英,有的坯体也使用一些黏土或长石,然而更多的是采用纯粹的氧化物和具有特殊性能的原料,制造工艺与性能要求也各不相同。

制作陶瓷的原料泥土中有些放射性元素,比如坐便等都是有放射性的。而一些经过表面修饰的陶瓷也会在装饰的过程中引入有害物质,比如重金属铅等,所以家庭用瓷选择釉下彩的比较好。

陶瓷的鉴赏和收藏

瓷器的鉴赏

一般来说，鉴赏瓷器可以从以下几个方面入手：

1.看整件茶具的釉色是否分布均匀。若是窑变茶具，要看是否对比强烈，在所有茶具瓷器中釉色均匀与否是决定产品档位的一个重要因素。

2.看茶具或者瓷器是否是高温烧制，而不是低温中温。高温烧制过程中变化系数大，而且产品的质量稳定。如果是低温或者中温烧制的，一般都不用来盛放餐饮之类的。原因之一是陶瓷茶具中有些元素会稀释出来。但是经过1200度以上的高温烧制的瓷器一般不会存在这种情况。

3.如果是白瓷，要听听瓷器声音是否很清脆而不带杂音。如果不是白瓷请不

要以此来鉴别。一般高档白瓷的声音是非常清脆的，红瓷的话。要看釉面是否光洁、流畅。红瓷表面的色泽是否都是一致的，高档红瓷的话显示的是中国红，而不是暗红或者微红。然后，红瓷更要看手感，戴个鉴赏手套慢慢滑过红瓷表面，看是否顺畅而不带有凹凸感。最重要的一点是在灯光下和阳光下的对比，这样更能检查出红瓷是否有瑕疵。

4.如果还是分不清瓷器的好与劣，最狠的一招就是敲碎它（不建议这么做），敲掉的过程中细听它破裂的声音，较脆的是上品，瓷骨较好，然后其他的请参照以上三点再仔细辨别。

瓷器的辨伪

一个收藏爱好者若想辨别陶瓷的真伪，应该从以下几个方面着手：

1.掌握各时代各类器物的基本特征，将所需鉴别的器物与标准器物对照、比较。

2.瓷器辨伪最根本的是从瓷器本身着手。因为瓷器本身由胎釉、造型、纹饰及款识和烧制工艺所组成，各时代有各自的特点。

3.可以从瓷器所反映的外部特点入手，如瓷器所反映的各时代的文化特征（可以从器型、纹饰上体现出来）、瓷器的用途等来辨伪。

4.我们知道，仿瓷之难，第一是胎质。因为各时代、各窑口烧制瓷器的胎土是各不相同的，且"瓷质之贵，在于瓷泥"，不仅是瓷土的成分不同，其炼泥之法也不同，因此，烧制成器所表现出来的胎骨也是各具特征的。

如龙泉窑器与哥窑器均为原处州（今龙泉县境内）的窑口，使用的基本是同一地区的胎土，两窑胎质均白，微带灰色。但龙泉窑淘炼最纯，哥窑则别有紫泥、黑泥两种。由此就可分别出龙泉窑器与哥窑器。

5.仿制、伪作之器的胎土则区别更大，由于时过境迁，很难找到相同的瓷土，这就是辨伪需掌握的第一要点。第二是造型品名。因为

历代所制之器，造型品名不尽一致，有的称盘，有的称盆，甚而有称为洗的，加之尺寸规格没有一个统一的定制。历代仿制作伪之器，一是照蓝本模仿，虽形制正了，但尺寸规格又不能完全一致，此是一方面。另一方面，仿制作伪之器是根据文献或历代相传而作，故更差矣。而有些"创造性"的作伪则更无衡量的标准。

第三是釉药。历代瓷制品的釉药多为凭经验所得而无文字的记录，除清唐英首先研究记录制瓷的方法和釉药的配方，在他之前几乎无人做此工作。因此，仿制、作伪的器物由于釉药的配方、各种釉料的比例不同，加之烧造技术，包括窑温、气氛的掌握不一致，烧制出来的釉色很难与原器相同。

另外，瓷器的纹饰（包括笔法、题材、表现手法）、款识、青花料、彩料等要仿制得如同真品一样，确实很难。

科学的辨伪方法

1.分类法。即将各时代的同类器(包括相同器型、相同纹饰题材)理成发展序列，找出它们的共同点，再找出其不同点来摸索它们的发展规律和各时期的特征。

2.比较法。主要是利用考古发掘出来的、有地层年代的器物作为标准器物，将所需鉴定、辨伪的器物与之比较，从而得出鉴别的结论。

3.鉴别法。即利用同时代

的同类器或不同类器上的时代特征来对照、比较所需鉴别的器物,从而得出综合鉴别的比较合理的结论。

总之,鉴定、辨伪中国古代瓷器,用以上三种方法,再从胎质、造型、釉料、纹饰、烧制工艺、款识、青花料等几个方面着眼,在掌握了出土的或传世的标准器物的前提下一定能鉴定出好坏,辨别出真伪。

瓷器的收藏

如何收藏陶瓷是一个重要的问题。收藏必须以实践为主,结合理论反复研究,鉴赏水平才能有所提高,有所进步。

1.收藏者必须先端正心态,不可贪字当头,心存侥幸。因为很多收藏者都是"利"字当头,认为花十万八万元,买进一百几十件官窑器,总有一、两件是真的,只要有一件真的就能值几十万、几百万元了,有利可图。这是大错特错的想法,这样做的后果也就可想而知了。

2.面对超值的"古董",收藏者的头脑必须保持冷静,千万别发热,不要人云亦云,应以平常心待之,慎重地分析,确认是真品后,

再购入。千万别按图索骥，机械、教条地照搬书本，应学会独立思考、独立判断。因为仿制品也大都是按书本上的说法、版图上的尺寸、造型、纹饰仿造出来的。

3.藏品必须求其真实性，否则就不存在收藏二字的意义了。收藏者应先从价值不高的民窑器入手（必须是真品），通过入藏的各朝各代民窑器的"老化"状况着手研究其胎釉、工艺及因年代"老化"所留下的特征状况，这样有利于比较对照各朝代各窑口的真假产物。虽然说官窑器的制作、用料特别精细，但因时间久所形成的风化老化却是不争的事实，特别是出土出水器，在其器物的表层、胎釉所留下的"老化"迹象（例如釉表面的包浆状，胎的干燥，使用过的痕迹等）。年代形成的"老化"状况是仿制品所无法仿制的。

4.不要太执着于追求收藏名窑、官窑器。因为古代烧"御瓷"的窑口烧出的瓷器经挑选后，余下的器物都必须打烂埋掉，不允许流出民间，加上改朝换代、战争动乱，存下的真品也就少之又少了。就是有，也只在博物馆及少数一些大藏家手里，要想收藏到这些名贵品种也只能随缘，不要心存侥幸，绝不是随便"捡漏"就能捡到的。

5."固执己见"是收藏者的一大通病。做一名真正的收藏家应谦虚，多请教有经验的老前辈，达者为师，切忌自以为是。但也不可盲目相信专家，因为有些所谓的专家是自吹自封的专家。有时一件器物请教于三名这样的专家，往往就会得到三种说法。

6.建议广大收藏者应着重于收藏各朝代的青瓷器及民窑器，此类器物的真品、精品在国内市场上存量还比较多，假的也多，进行理智的收藏，藏入真品、精品的机会很大。

在此，建议广大收藏者应理论结合实践进行理智的收藏，要多到国家级、省级博物馆参观，多看馆展实物，这样才有利于提高自身的鉴赏水平。

NO5.金银器的收藏指导

金银器的历史概述

春秋以前的金银器

金银器,以贵重金属为材料,施以精湛巧妙之制作工艺,配以科学性与艺术性相结合之构思将中华民族几千年来更迭出现之不尽相同的各个时代文化内涵展现得淋漓尽致;也将各个时代相同的追求富贵、吉祥的民族心理阐释得畅晓明白。

集装饰性与实用性于一身的金银器,也因其不菲的价值,独具

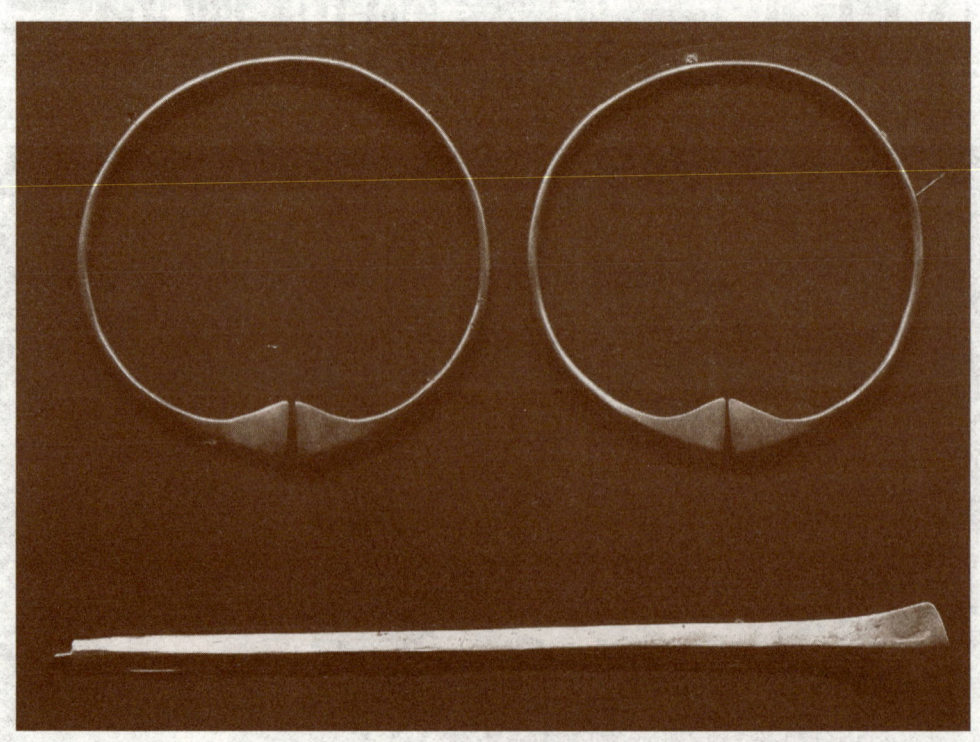

的特质，于普通金属器皿之中，着意显示出了其自身别具的人文、科学、经济价值。耀眼悦目的金银器，成为了绵延长久、当之无愧的传世珍藏。

在甘肃省玉门夏代古墓中，发现了铸造粗糙的金耳环，这是我国发现的最早的金饰器实物。商代的金器以装饰品占主导地位，器物类相对较少。夏商西周时期还没有银器发现。

秦汉时期的金银器

秦朝由于年代短促，遗留的金银器不多，仅在始皇陵所出铜车上有所发现。其中金质的有金当卢、金泡、金项圈部件、纛座上镶嵌的金珠等，银质的有银、银镳、银䡅、银辖及银环、银泡、银项圈部件等，均系铸造成型。

错金银技艺在春秋中晚期开始兴起，到汉代，这种技艺已经成为我国传统金银工艺的主流，并且达到了相当高的水准。

三国魏晋时期的金银器数量较多，金银器的社会功能进一步扩大，制作技术更加娴熟，器型、图案也不断创新。在这个时期的墓葬中，常可以看到民族间相互影响和融合的迹象。

隋唐时期的金银器

隋统一全国后大量使用金银作为饰物，因此促进了隋唐金银器手工业的发展。

唐代在金银器制作工艺方面，既善于总结和继承前人的成就，又思路开阔，吸收消化外来文化中的丰富营养，创造出一种五彩斑斓、璀璨夺目的崭新文化。当时，造型

精美、结构巧妙、装饰典丽的金银器比比皆是。

五代十国时期，我国经历了分裂割据的半个世纪，但是江南保持了相对的稳定，手工业得到继续发展。特别是吴越、后蜀等小国在金银制造方面还取得了相当大的成就，江苏、浙江等地成为主要生产地。五代时期的金银工艺基本继承了唐代晚期的风格又有所发展。

宋元明清的金银器

宋元金银器以器型设计构思巧妙、富有灵活性与创造性的多种加工技法为特征，以其小巧玲珑的形制显示出造型工艺技巧的高超。同一种金银器皿的造型还往往具有多种不同的形制。

明清两代金银器越来越趋于华丽、浓艳，宫廷气息愈来愈浓厚。器型的雍容华贵，宝石镶嵌的色彩斑斓，特别是那满目皆是的龙凤图案，象征着不可企及的高贵与权势，这一切都和明清两代整个宫廷装饰艺术的总体风格和谐一致。

我国金银器的特点

商周金银器

我国发现最早的黄金制品是商代的，距今已有3000余年的历史。商代金器的分布范围主要是以商文化为中心的中原地区，以及商王朝北部、西北部和偏西南的少数民族地区。一般地讲，这个时期的金器，形制工艺比较简单，器型小巧，纹饰少见，大多为装饰品。

商周时期青铜工艺的繁荣和发展，为金银器的发展奠定了雄厚的物质和技术基础，同时青铜、玉雕、漆器等工艺的发展也促进了金银工艺的发展，并使金银器得以在更广阔的领域中以更多样的形式发挥其审美功能。早期的金银制品大多为装饰品，而最常见的金箔，多是用于其他器物上的饰件，或者说，是以和其他器物相结合的形式来增强器物的美感。

春秋战国金银器

春秋战国时期，社会变革带来了生产、生活领域中的重大变化。大量错金银器的出现，几乎成为这个时期工艺水平高度发展的一个标志。

从出土地点看，这一时期的金银器分布区域明显扩大，在南北方都有发现。金银器的形制种类增多。其中金银器皿的出现，及相当一部分银器的出现，十分引人注目。从金银器艺术特色和制作工艺看，南北方差异较大，风格迥异。北方匈奴墓出土的大量金银器及其金细工艺的高度发展，尤令人瞠目。

秦汉金银器

秦代金银器迄今为止极为少见。考古学者曾在山东淄博窝托村西汉齐王刘襄陪葬器物中发现一件秦始皇三十三年造的鎏金刻花银盘。制作精细，装饰讲究。这种在银器花纹处鎏金的做法，唐代以后十分盛行，金花银盘亦为唐代金银器中很有特色的主要品种。

根据对这些金银配件的研究已能证明，秦朝的金银器制作已综合使用了铸造、焊接、掐丝、嵌铸法、锉磨、抛光、多种机械连接及胶粘等工艺技术，而且达到很高的水平。

魏晋南北朝金银器

魏晋南北朝时期，社会动乱，朝代更替频繁，社会经济亦遭受破坏。然而另一方面，各民族在长期共存的生活中，逐渐相互融合，对外交流进一步扩大，加之佛教及其艺术的传播，使这个时期的文化艺术空前发展。这些在金银器的形制纹样发展中，都曾打上了明显的烙印。

唐代金银器

至唐代，金银器的制作有了很大发展。多年来的考古发现成了显

示唐王朝富丽堂皇、灿烂夺目的标志之一。当你看到那数量众多，类别丰富、造型别致、纹饰精美的金银器时，一定会联想到唐文化艺术的雄健、华美和自然秀颖。

唐代金银器纹样丰富多彩，这些纹饰与器型一样，具有强烈的时代特点和风格，透过它们，我们确实可以感到唐代现实生活的五彩缤纷，文化艺术的欣欣向荣。唐代金银器的工艺技术也极其复杂、精细。当时已广泛使用了锤击、浇铸、焊接、切削、抛光、铆、镀、錾刻、镂空等工艺。

宋元金银器

宋代随着封建城市的繁荣和商品经济的发展，各地金银器制作行业十分兴盛。有铭款的金银器显著增多，成为宋代金银器的一大特点，并对元、明、清的金银器制作产生重要影响。

宋代金银器是在唐代基础上的不断创新，虽不及唐代金银器那样丰满富丽，然而却具有典雅秀美的独特风格。这种风格与宋代艺术的总体风格是一致的。

与唐代相比，宋代金银器的造型玲珑奇巧，新颖雅致，多姿多彩。相比之下，唐代金银器皿显得气势博大，而宋代则以轻薄精巧而别具一格。宋代金银器在造型上极为讲究，可谓花式繁多。

明清金银器

明清两代是中国封建社会的后期，文化发展的总势趋于保守。其金银器制作一改唐宋以来或丰满富丽、生机勃勃；或清秀典雅、意趣恬淡的风格，而越来越趋于华丽、浓艳，宫廷气息愈来愈浓厚。

明清两代的金银器，其发展轨迹可谓明晰可见，但其分野之界亦是如此鲜明。大体上说，明代金银器仍未脱尽生动古朴，而清代金银器却极为工整华丽。在工艺技巧上，清代金银器那种细腻精工，也是明代所不可及的。

金银器的不同种类

金银器的种类

金银器制品名贵华丽，历来是高级装饰品，也做日常用具，纯金银大件极为稀少，主要是首饰、挂盘装饰、日常生活所用碗、盘、瓶、杯等。金银往往又同其他名贵材料配合组成镶嵌。但总体来说，金银器可分为金银器物和金银饰物两大类。

另外，它们还可分为饮食、信符玺印、容器、舆洗器、梳妆用

具、陈设观赏品、宗教祭祀器、冠服、发饰、颈饰、耳饰、手饰、臂饰、胸坠饰、剑饰、车马饰、货币、杂器等10余小类。

金银器物

金银器物中的饮食器有樽、杯、盘、壶、盏、碗、豆、盅、锅、箸、勺、匙、温碗、盏托、茶具、羽觞、执壶、花口杯、提梁壶等。信符玺印有腰牌、符牌、金印章等。

容器有盒、缸、罐、篡等。舆洗器有匜、盆、洗等。

梳妆用具有梳、篦、刀、夹、镊、镜架、栉背等。

陈设观赏器有薰炉、香薰、银钏、金钟、瓶、盘、挂屏、盆景、天球仪等。

宗教祭祀器有造像、葬具、法器、祭器、如意、香案、匾牌、菩萨等。

金银饰物

金银饰物中的冠服有凤冠、冠顶、冠带、金银冠、步摇冠、冠花等。发饰有笄、簪、钗、梳步摇、钿花、珠花等。

颈饰有项链、顶圈、排圈、金银冠坠、护头箍、金银角、银马围帕、金银抹额、金银插针、金银衣帽饰、吊饰、长命锁等。

耳饰有耳珰、耳环、耳坠等。

手饰、臂饰有钏、镯、条脱、戒子、指环、顶针等。

胸腰坠饰有压领、腰链、腰带、腰牌等。

货币类有金贝、金条、金砖、金板、金饼、银贝、银饼、银元、银铤、银锭、金五铢、马蹄金、麟趾金、金银开元通宝等。

金银器的鉴别与收藏

金银器的鉴别

金银器的真伪鉴别主要包括两个方面,一是对其材料质地的鉴别,二是对其制造年代的鉴别。根据现在的科学技术手段,对金银器质地的鉴别已能做出比较精确的制定。对金银器材料质地的鉴别,从经验上亦积累了一些简便易行的方法。

首先,金的密度大,一般来说对于相同体积的金属物,金制品要

重得多，太轻的制品必是伪品；其次，金银的硬度小、质地软、延展性强，若用金属物在金银制品上轻轻划试，一般留下凹痕的为真品，留下划痕的是伪品；再次，金银的化学性质较稳定，特别是金，在空气中不易氧化，而铜铁制品均易氧化生锈。

金在酸性溶液中其颜色不变，而铜制品触到硝酸便会失去光泽。如是镀金，表层镀金容易脱落，不仅脱落部分易生锈，即使镀金表面也易被铜覆盖。

当然，古代的金银器出土时，有些表层带有铜锈，特别是银制品。这种情况是由于金银器在出土前接触过其他腐蚀的铜，如与铜器一起随葬，而粘染了铜锈。

另一个原因，则是古代大多数银器的质地是含有一定成分的铜合金，当铜氧化腐蚀后，便在银器上形成了铜锈覆盖层。不过这种情况大多可以经过除锈垢处理，以复原器物的本来面目。

富有经验的人还可以通过器物的声音、味道以及颜色、手感等，来辨别金银器的真伪。不过，这需要有丰富实践经验的积累。

此外，与伪造古代的铜、玉等器物不同的是，伪造金银器最常见的是在材料质地上作假，多是以牟取高额利润为目的。在年代上作伪者尚不多见，这也造成对金银器年代的鉴定工作，无论从理论上抑或实践经验上都显得不足，缺乏这方面的系统研究和经验总结。

金银器的收藏

收藏金银器，首先要对它的历史有一个比较透彻的了解，这样进行起来才不会茫然无措，金银器的历史其实并不复杂。

秦代以前，金银器的制作工艺基本为青铜器冶炼、铸造工艺的移植和延伸。

錾花和金银错是这一时期金银器制作的两大特色。錾花工艺是通常经过錾刻出花纹，与光洁而单一色的金属素面形成鲜明的对比。

金银错始于春秋中期,盛行于战国,西汉以后逐渐衰弱。做法为先在青铜器表面预先铸出或錾刻出图案、铭文所需的凹槽,然后嵌入金银丝、片,锤打牢固,再用错石将其打磨光滑,达到突出图案和铭文的装饰效果。

东汉以后,金银器的制作工艺逐渐摆脱了青铜制作工艺,并形成了许多金银制作的独特工艺,如炸珠、掐丝、编等。

收藏金器当然是越古越好,越大越好。但是金器一般不腐蚀,不同于青铜器和铁器,从皮色及氧化程度不容易分辨其时代。鉴别金器只有从造型及纹饰的特征来推断其真伪、年代。

鉴别黄金质地的方法一般为以下几种。

古代黄金中的银、铜、铁含量偏多。含银越多越呈淡黄色;含铜

者呈淡黄色，且稍微发绿，若入土时间偏长则会呈栗黄色；金中含铁偏多者，一般呈玫瑰红色。

时下，古玩商大多依据"七青、八黄、九五赤"的口诀来识别古金器的成色。

黄金密度比普通金属大，放在掌心掂试有沉重感，笨大而轻飘的金器，皆为赝品。用两根金条相击，含金量为99.9以上黄金多无响音；掺有银质的有声无音；含铜质偏多的会有当当长音。

成色高的黄金体质较柔，成色低的黄金体体质偏硬。金含银者硬，金含铜者则更硬。

银器的广泛使用与其"避邪消灾"的功能有关。据说身上的无名肿毒用银器不断圈划，可使肿块消退，难愈合的疮疥溃疡经常用银器抚拭有利于伤口愈合。银餐具可以测试食物中有没有毒。

我国的少数民族对白银首饰尤为珍重偏爱，奇美精巧的手饰显示了自己的美丽、勤劳、聪慧和富裕。

金银器价格昂贵，现在古玩市场上的古银器，大多为明清两代以后的制品，而且价格比较便宜，同学若有兴趣，可在家庭条件许可的情况下，把古银器作为收藏的重点。

开禧通宝

万历通宝
明

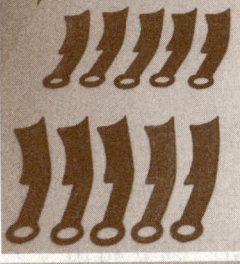

NO6.古钱币的收藏指导

嘉靖通宝
明

万历通宝
明

天启通宝
明

古钱币的历史概述

先秦时期货币

春秋战国时期，随着商品经济发展，使在流通中要分割和鉴定成色的金属称量货币逐步不适应，而被金属铸币所取代。从春秋时期进入金属铸币阶段至战国时期已确立布币、刀币、蚁鼻钱、环钱四大货币体系：

1.中原地区，即赵、韩、魏三国和周王室等地，主要流行布币。布币脱胎于青铜铲形农具，和"布"同音假借。春秋时期的布币主要是空首布，即有装柄的空心鎛。

而战国时期的布币主要是平首布，即相对"空首布"而言，已无装柄中空的鎛，而形似铲状铜片，布币形制大致分平肩、耸肩、圆肩和方足、尖足、圆足等类别，最一般由平肩平底布或平肩方足布向耸肩尖足布、圆肩圆足布演化，扩展至楚国和燕国等地。

2.东方的齐国和北方的燕国主要使用刀币。刀币分"燕明刀"和"齐刀化"两大类型。刀币形状取像于山戎、北狄等北方游牧民族渔猎用的刀类工具。由于齐刀面有"化"字文而称"刀化"。刀币形状为刀背分弧背、折背、直背，刀首有平首、尖首之分，也是我国早期一种青铜铸币。

3.西北方的秦国独用环币，其形制取像于纺轮或玉壁演化而来。环币分圆形圆孔和方孔两种。战国时期即较早铸行的是圆形圆孔，后

秦惠文王，秦始皇铸圆形方孔"半两"钱。圆形环钱是方孔钱的原始状态。

4.南方楚国。铸币铜贝称蚁鼻钱，由贝币演化而来。铜贝钱文形似鬼脸，为"贝化"两字组合。蚁鼻喻小，意即小钱。楚国有文铜贝铸币俗称"鬼脸钱"、"蚁鼻钱"。楚国除蚁鼻钱外，还有黄金称量货币，是战国时期唯一以黄金为流通货币的国家。

总之，春秋战国时期出现的四大货币体系分别由刀、铲、纺轮等劳动生产工具演化而来，由此可见当时各地征战、渔猎、制陶、纺织与贸易往来等经济生活地区特色与社会风貌。同时形成四大货币区也是诸侯割据的产物。随经济与商品交易发展。各国货币互相流通，要求并相应促进币制出现统一与标准化趋势。

五彩校园文化艺术活动丛书

秦汉时期货币

秦统一六国后,政治统一要求经济统一作为基础,秦始皇顺应历史发展趋势,在统一文字、度量衡同时,也统一了货币。规定以"黄金"为上币,以镒为单位,以圆形方孔铜钱为下币,以半两为单位。钱文"半两"与实重相符,这种方孔圆钱从此成为我国货币的主要形式一直沿用2000多年。

为何取这种形制呢?主要是环形便于携带,而方孔穿绳索铜钱不易旋转,可防磨损。也有人认为这种形制表达了古人天圆地方的宇宙观。秦朝方孔圆钱是世界上最早由政府法定的货币。

鉴别战国和秦朝的"半两钱"可从书法入手。战国币钱文"半两"为大篆;而秦朝币钱文"半两"为小篆。相传秦币由宰相李斯所书。大概受此影响,秦朝之后的钱文大都出自达官贵人或书法名家之手。宋朝还出现皇帝御书钱。

我国古钱币与西方货币的区别之一是我国古钱版面以钱文为主,流通币极少有图案为主的,而西方货币则以动植物、人像等图案为主。古钱上的书法艺术为另一话题当别论。

据说秦始皇为防备百姓造反收天下兵器铸12金人。这势必影响铜钱的铸量。因铜价极高,货币流通量不足,故秦半两钱价值很高。汉初发生"秦钱重难用"问题。汉承秦制沿用半两钱,但刘邦当皇帝时国家很穷,改铸了许多小钱,先后出现"榆荚半两""八铢半两"、"四铢半两"等。

一两为24铢,因对秦半两大幅减重,半两名实不符。尤其是一种小半两,形似榆树果实而称"榆荚半两"重不足一克,直径不足一厘米。汉还允民间私铸与郡国铸币,引起币制紊乱与通货膨胀,至汉武帝大改币制。

076

南北朝货币

魏晋南北朝是中国分裂时期，战争频繁，政局动荡，社会经济遭破坏，史称此时"钱法大坏"。为了省铜，五铢钱越做越小，有"鹅眼"、"鸡目"之称，更有剪凿边圈，称剪边五铢，一枚钱改两枚，面额却大，百当千用。

钱币界把这一时期五铢钱统称为"六朝五铢"。六朝即建都南京的三国吴、东晋、南朝宋、齐、梁、陈六个朝代。这一时期五铢钱除铸造粗劣且钱文革率、笔画不全，有将"五铢"写成"五金"者，也有写成反文"铢五"的。但期间五铢钱也有个别例外的，如北魏"太和五铢"、"永安五铢"，史称"重如其文"，质量上乘，不禁使人想到北魏孝文帝的一系列成功改革。

隋朝时期货币

隋代隋文帝铸造"开皇五铢"结束了汉末以来300多年钱制庞杂局面，这也是最后一个使用五铢钱的朝代。

有人辨认隋"五铢钱"五铢的"五"即"X"字左边加竖"｜"为"｜X"，放倒后似为"凶"字。于是有人说是隋的凶兆，预示其灭亡为时不远了。故隋朝"五铢钱"较好辨认。其实这种写法北魏也曾有过，这不过是老百姓借此诅咒隋末战乱而已。

唐朝时期货币

唐代是一个经济文化都发达的强盛朝代。据考621年铸行"开元通宝"钱，结束了秦汉以来以重量铢两定名的钱币体系，而开创了唐宋以后以"文"为单位的年号，宝文体系铜铸币。

"开元"有创始、首创之意，"通宝"即流通的宝货。其在重量单位上有大突破，古代衡法二十四铢为一两。开元通宝开创十进位制，每枚重二铢四为一文钱，积十文钱重一两，即十钱一两"以钱代铢"。

开元通宝在唐代铸行200多年而使币制长期稳定。唐以文计数，以

钱两为重量单位的宝文钱体系沿袭至清朝历时千年。另相传唐高祖铸行的开元通宝由初唐书法大家欧阳间所书的增文采，被誉书法币。

安史之乱后，唐肃宗为对付财政困难，铸造大钱，称"乾元重宝"。这是最早称"重宝"的钱，一文重宝当开元钱十文，引起通货贬值，物价飞涨，盗铸严重，人心不安。至晚唐唐武宗废佛，取佛铜大量铸"会昌开元"钱，使延续了半个世纪的通货紧缩现象才有所缓和。"乾元"、"会昌"均为纪年。

五代十国是军阀割据混战分裂时期，由于政权林立，货币五花八门，是一个货币混乱时期。币材除铜外还有锡、铁等。大额钱币当十当百，甚至当千当万流行。钱制的混乱复杂反映出割据战乱带来的经济恶化。综上所述，铜铸币方孔圆钱从铢两体系转变为年号、宝文体系为货币发展一大转折时期。

宋朝时期货币

两宋的铜铸币以采用年号为显著特点。据考证，年号首创于汉武帝，而"年号钱"始于十六国时四川成都李寿的"汉兴钱"。最后一枚年号钱为袁世凯复辟帝制铸行的"洪宪元年，当十铜元"。此钱随袁世凯垮台，存在不到4个月。

"年号钱"因铸有年号，标明铸造时间，使人在考证古币年代时可一目了然，这在钱币形式发展上是一个进步。历朝年号钱中宋、明、清三朝的钱币最容易收集。

另外，历代书法中要数宋朝见著。相传宋神宗元丰年间所铸元丰钱有篆、隶、楷、草四种书体，其中苏东坡手笔的隶书钱文沉着、豪迈，被称"东坡元丰"。宋哲宗年间司马光和苏东坡用篆、行两种书法写过对文钱"元裕通宝"，使宋朝流行对文钱。

擅长书法的皇帝耐不住寂寞，也往往在钱文上一展身手。由皇帝书写的"御书钱"，据考证第一人为宋太宗赵炅，而历代皇帝中书

法成就最高为宋徽宗赵佶。他治国安邦无能,"靖康之耻"与儿子钦宗一起被掳为金兵俘虏。但对琴棋书画情有独钟,尤其是书法"瘦金体"铁画银钩,别具一功。

两宋时期铸币铜铁钱并行,因铜器比铜币值钱,有毁钱铸器现象,少见铜钱而出现铁钱。另外随经济重心南移,货币流通扩大,两宋产生的纸币是世界上最早出现的纸币。

这纸币是一种象征性货币,它是社会商品经济发展至一定阶段的产物,同时与造纸和印刷技术的进步也有关。北宋的纸币主要有交子,南宋有会子、关子。交子、会子都是当时对票据、证券的俗称。而币值是否稳定成为经济财政局势的晴雨表。

辽、宋、西夏等北方少数民族政权在与汉族交往中受中原经济文化影响,除了使用唐宋所铸铜币外,也发行过民族文字与汉文铜铸币。

元朝时期货币

元代曾铸行过少量铜钱,但货币主要流通纸币。这在我国古代是较突出的。元代的纸币称为钞,原钞本不许挪用,纸钞发行量有严格限制。但元末政治腐败,皇室奢侈,军费开支浩大,财政入不敷出,政府只好靠滥发纸币来弥补,引起物价飞涨。加上黄河改道泛滥,天灾人祸,故称"开河变钞祸根源",可见滥发纸币与元朝灭亡很有关系。

明朝时期货币

发行纸币在货币史上虽是一个进步,但历代统治者无不利用它来剥削、掠夺人民而使纸币崩溃。如明朝初朱元璋就推行纸币政策,发行"大明宝钞"与铜钱并用。但大明宝钞不定发行限额,也没准备金,很快就导致通货膨胀,故明中叶嘉靖年后,宝钞已不能通行,民间主要用白银和铜钱。

如明朝"班匠"以银代役、雇工工资、富豪家产等都主要用银量了。从元朝开始银量被铸为一定标准的银锭,银锭名"元宝",这是

我国称银锭为"元宝"的开始。同时民间流行铜制钱，质材由青铜转黄铜，铸行以年号为号的通宝钱。

清朝时期货币

清代铜钱沿用明朝的制度，主要铸行小平钱。清代铜钱中以咸丰钱最为复杂，钱文有通宝、重宝和元宝之分，面值不同，钱值不同。清朝民间商务大数用银，小钱用钱，钱银并行。

清初100年以银锭为主币，征税一两以上必须收银，清朝各州县每年分夏秋两季征收田赋，完粮必须是足银。因中央不铸造统一流通银两，民间使用的银子未必是足银，各地银锭形式、成色、平码不同，因此每逢纳税前由银匠和银铺将民间散银熔铸成足银。一些银匠勾结吏役趁机在银两成色、分量上苛剥百姓，造成许多复杂的社会问题。

清朝后期银锭开始向银元转化。明朝中叶起，在对外贸易中外国商人用他们的银元购买中国丝、茶、瓷器等，使各种外国银元开始在我国流行。至清道光年间，从签不平等条约《南京条约》开始，赔款用的银元都是"洋钱"，当时我国本国还没银元。库存洋钱不足抵销数目剧增的对外赔款，于是迫使清末政府开始自己铸造银元。

我国最早的机制洋式银元为光绪年间的"光绪元宝"，俗称"龙洋"，因银元背面一般铸有龙纹而得名。同时出现机制铜元，又称"铜板"。机制银币和铜元的出现对我国传统的银两货币和方孔圆形为主的铜钱制是一种巨大冲击。

清代发行的纸币品种复杂，有官钞和私钞之分，官钞即由官府金融机构发行，私钞由民间金融机构发行，纸钞又可分铜钱票、铜元票、银两票、银元票四种。发行纸币开始有库银准备金、钞本来凭证。

综上所述，从两宋至明清，纸币产生与流通，白银货币地位日益提高和明清开始确立银本位制的纸币制度，晚清机制币体系出现，为我国货币史发展的第二阶段后期情况。

我国历代的古钱币

贝币

贝币一般称为"贝化",简称贝。它是我国最原始的货币形式,其主要是由海贝壳打磨穿孔而成,在我国古代货币发展史上占有重要的地位。贝的种类很多,大型的有虎斑宝贝、阿文经贝;小型的有货贝、拟枣贝等。最为常见的货币叫"齿贝"或"货贝"。

除了天然贝币外,当时还出现了一些石贝、骨贝、陶贝、蚌贝、铜贝等人工仿制贝,如骨贝以兽骨刻制,较扁平,上下两端较锐,呈版状的枣核形;铜贝面呈凸起,有的模铸一道贝齿,底内凹,是我国最早的金属铸币。它们除了做装饰品外,还被视为避邪品或护身物。在一定条件下,也能行使货币的职能。

东周以后,贝币已被金属币所取代,退出了流通领域。

布币

布币系指在我国春秋战国时期,曾相继在黄河中游的三晋两周地区流行通用的一类铜质铸币。

布币的构成,主要有以下几个部分:

銎:原本指斧、矛、镈等器物的受柄部位。因布币系由农具演变而来,所以其称也随之沿袭而用。

布首:简称首,系指布币的上部。根据首部形状之不同,可将布币划成若干种类。

布身：指除布首之外的布币实体部分。布身又有布面、布背之分。而布面指布币铸有主要铭文符号的一面。

布肩：简称肩。指布币的布身与布首相连接，形同人之两肩的部位。

布腰：简称腰。指布币的布身之中部两侧部位，有狭腰之分。

布足：简称足。指布币之下部两端。因其形同人之裤管，故也被称裤足。布足有失足、方足、圆足等之分。

布裆：又称布跨。指布币的两裤足互相交接处。

布币体上一般多铸有文字符号，随其所铸时代和地区而各具不同。

原始布币

原始布币是我国最早的布钱，称古布或大铲布。其特征体大銎短，厚重粗糙，一般大、小、厚、薄以及形状诸方面没有一定标准。

但形体大者的铸造年代较早，通长0.164米，足宽0.095米；形体样小的则为晚些，通长0.104米至0.105米，足宽0.062米。

空首布币

由原始布演变而成，又名铲布。是春秋时期由黄河流域的周、晋、郑、卫诸国所铸的一类早期铲形货币。该币一般布面多铸有文字

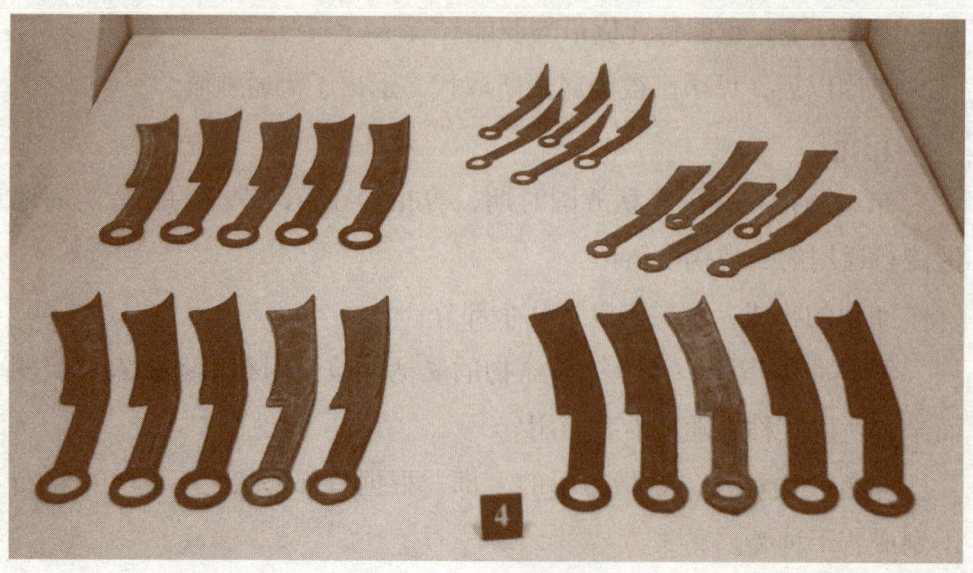

或数字、干支或天象、事物、城邑名以及一些尚不能确定其意的文字符号。其形状、大小多数没有一定型制标准，但大致可分作布体近方形的平肩弧足及斜肩弧足和耸肩尖足三大类型，特点是足部内四是弧形，背有三道纹。平肩大型通长0.1米，足距约0.053米；小型通长0.074米，足距0.053米；垂肩最大的通长0.086米，足距约0.053米，最小的通长0.07米，足距0.039米。

实首布币

又叫平首布。是指一种銎为实心而不空的铲形布币。它基本脱离了农具钱镈的原始形状，布首呈扁平，布身无直纹，钱面有地名和货币单位等钱文，如"釿"、"孚"等，钱背呈素面。

战国时期，赵国曾铸行一种圆肩足的"三孔布"，又称"三窍布"钱，是秦占领布钱地区而出现的铸币。主要特征是国首、圆裆，首部及两足各有一个圆形穿孔。分大小两等，大者背文"一两"，小者背文"十二铢"。

"一两"大布通长0.072米，最宽约0.038米，重约15.8克；十二铢小布通长0.052米，最宽约0.027米，重8.2克。以铢、两标明币值是秦钱的特征，钱文模铸城名是三晋布钱的特征。这是我国最早期的一种过度性铢两货币，是我国古代货币向圆形化发展的趋向。

刀币

刀币也称刀化，简称刀。是指春秋战国时期，在齐、燕、赵等诸国地区铸造通行的一种刀形金属货币。它是由商周时期的工具，即铜削逐渐演变而成，其柄端有环，柄身有裂沟。

1.按刀币的构成有以下七个部分：

刀首：系指刀币之最上端部位。一般来说，刀首尖锐者铸行时代较早。后逐渐向圆、平直变化。

刀刃：系指刀币的刃部。因为刀币本自古时工具，即铜削演变而来，故早期的刀币有刃口。至后期刀币刃口逐渐脱离原始性，刃口部位改添了外廓。

刀柄：系指刀币的刀身与刀环之间细狭的抓握部位。

刀环：系指刀币下端有圆孔的环形部位。在古时，刀环专为贯穿绳索之用。

脊线：系指凸起于刀币表面之上的长线条纹。线多为两道，一般是由刀币环部通至刀身，但也有仅处于刀柄部位的。

郭线："郭"也称廓。系指铸于刀币之上，沿刀之外缘隆起的线条，是为保护刀身之上所铸有的文字。

刀面：系指刀币铸有主要铭文之面。通常是将刀币平置案上，使其刀首向前，刀环位后，刀刃口在左，刀背位右时向上的这面。

2.按形体大小和铸造地区可分四种类型：

齐刀：俗称"大刀"。钱面有地名或古国名，如"墨"、"安阳"等。钱背有"建邦"字样，又叫"建邦刀"。其共同特征是体大厚重，刀身边缘隆起，弧部边缘在刀身与柄之间中断。

尖首刀：通称"有字刀"。是战国早期燕国境内少数民族地区铸

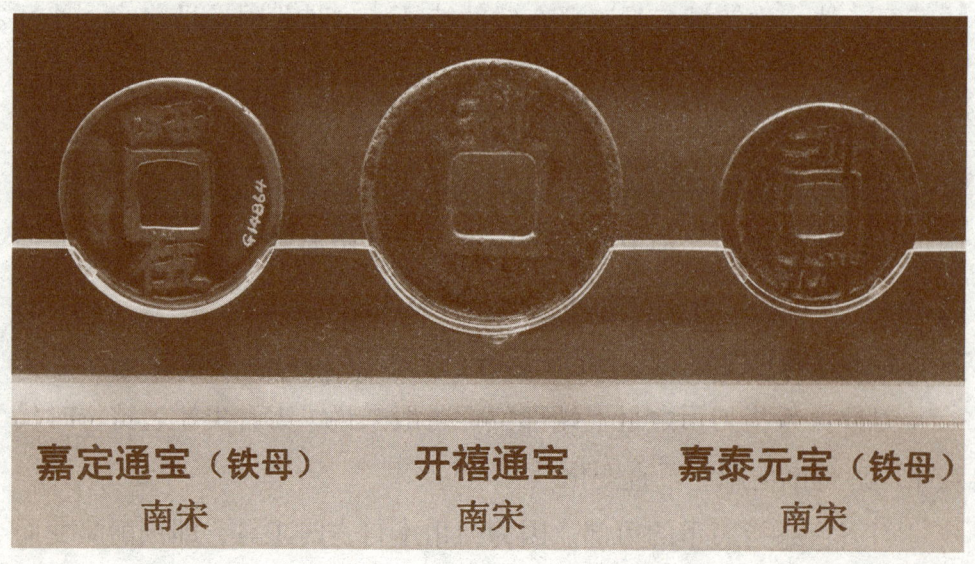

| 嘉定通宝（铁母） | 开禧通宝 | 嘉泰元宝（铁母） |
| 南宋 | 南宋 | 南宋 |

造通行的货币，其特征是：刀背细长，刀身薄，柄细，环扁小。钱文在刀背，记干支或数目一字。

明刀：又称"燕刀"。面背都有文字，形制有两种，分"方折刀"和"圆折刀"。

直刀或圆首刀：又叫"纯首刀"，其刀体平直、短小、刀环扁薄。

楚币

春秋战国时期的楚国货币自成体系，主要包括两个内容：

1.爰金，又称"印子金"、"金钣"，"钣"也通"版"。

爰金呈扁平头，上排有方形或圆形阳文铭文印记，传说此种形态由上古龟甲的使用发展而来。传世楚国金钣有"郢爰"、"陈爰"、"专爰"、"颖"、"覃金"五种。

2.蚁鼻钱，一种铜铸贝币。特征上狭下宽，面凸起，上模铸读"各六株"字样的阴文，背平素，如磨平的贝壳，其最大的长0.021米，最宽0.013米，重2.9克至3.6克左右；最小的长0.016米，最宽0.009米，重1克左右。

鬼脸钱，或称"鬼头钱"，特征同"蚁鼻钱"。系一种铭文"贝化"两字组合，与钱体酷似丑鬼脸面形态的贝币之俗称。该币最大的长0.019米，最宽0.013米，重3.4克至4.1克；最小的长0.013米，最宽0.007米，重0.6克。

圜钱

圜钱即圆钱或称"圆金"。是战国时期铸造通行的一类圆形铜质货币，俗称圜化、简称环钱，其正面铸有铭文，反面则无任何文字。先秦时期的圜钱有两类：一是圆形圆孔，比较原始；一是圆形方孔，铸造通行较晚。

圜钱在不同地区各有不同特征，在刀币区或刀、布并行区基本形制是圆形方孔，"明"字圆钱周缘无郭；在布钱区圆钱从周缘无郭到

有郭，由圆孔演变为方孔，钱文书地名，如"坦"、"共"、"蔺"等。一般钱径0.04米至0.042米，重9.2克至10.6克左右。

关于圜钱的形成，一说由古时纹轮演化发展而来；一说是受璧环影响所致。初期圜钱之穿孔较狭小，以后渐变大。

圜钱是一种承先启后的铸币形态。从钱体所铸货币单位不同，圜钱基本可划分三大类：以两为单位的秦国圜钱；以釿为单位的周、三晋地区的圜钱；以传统的货币单位刀为名的齐、燕圜钱。

方孔圆钱

方孔圆钱又称"方孔钱"，民间戏称"孔方兄"，指我国钱币之中穿孔为四方形的一类圆形金属铸币。方孔圆钱是秦王朝把原始形态的布币、刀币和贝币统一于"国钱"之下，又与"圜钱"有着极为密切关系的货币之基本形式。它历经五铢钱制、通宝钱及明清钱制等漫长曲折的过程，在我国经济领域中流通了2000多年。

方孔圆钱在我国货币中数铸造地最广，使用量最大，流通最久，是至今出土和民间传世量最多的一大钱币种类。方孔圆钱的构成，主要有以下几个部分：

钱面：简称面。系指钱币的正面，也即钱体上铸有国号、年号，或其他主要文字的一面。

钱背：简称背，别称幕或缦。指钱币的反面。背上有的铸有文字或图案、标记，有的则无。无文字图案标记者，又称"素背"、"空背"或"光幕"、"素幕"等。

郭：郭也作廓。指钱体之上的凸起周缘和内框。郭又有内郭、外郭之分。内郭指钱之穿孔周围的内框，也称好郭；外郭指钱币之凸起的周缘，也称周郭、轮郭、边或外边。

穿孔：简称穿。又称为"函"，通称穿口、好；别称内穿或肉串；俗称钱孔。穿又有广穿、狭穿、满穿、花穿、龟甲穿等之分。

肉：也称为内壁，系指钱币之本体。肉有薄肉、厚肉之分。另钱币之内外郭之间的部位称地张。

边道：简称边。指钱边可以滚动之处。

方孔圆钱的穿孔由圆为方，一说是为了便于去除钱坯的毛边施磨加工；另一说则认为是古人受"天圆地方"的宇宙观影响所致。到了清朝末年，方孔圆钱铸币由机制钱代替，方孔圆钱从此退出了我国货币历史舞台。

铜元

铜元俗称铜板或铜角子。系指从清末起所机铸的一种圆形无方孔的新式铜币。铜元于1900年在广东铸造。钱面有一圆圈，内有"光绪"或"宣统元宝"四个汉字，内加满文"宝广"两字，圈外靠近

外郭有"广东省造每百枚换一圆"等字样,后改为"每元当制钱十文"。钱背正中有蟠龙花纹,四周有"广东一仙",后改"十文"英文字母。

1910年,银元正面改铸"大清铜币"4字,内有一小字代表省名或地名,上端是满文"大清铜币"字样,两侧为年份,边缘中央分列"户部"两字,下面为"当制钱十文",钱背中央仍为蟠龙,上端是"光绪或宣统年造",下端有"大清帝国铜币"英文。

铜元知识有以下几个方面:

单铜元:系指旧时民间对铜元中的十文铜元之称。

双铜元:系指旧时民间对于面额在二十文以上的铜元之通称。

大铜元:系指旧时民间对于面额在五十文以上的铜元之统称。

光绪元宝的铜元龙纹主要有坐龙、立龙、飞龙3种;大清铜币铜元的龙纹一般称为"大清龙"。清代铜元按其材料成分可分紫红铜元和黄铜元两类。

古代纸币

古代纸币系指清朝前历代印有价值面额的纸质货币,它是一种具有流通与支付手段的货币符号。纸币始于北宋之"交子"。其雏形为汉武帝时的白鹿皮币,其根源则是具有汇票性质的唐代"飞钱",此种纸质货币形制后为历代沿用,从而逐步表成我国纸币的独特风格,影响了许多邻国的货币形制。

我国古代纸币的构成形制基本为长方形,大小不一,用统一的纸张铜版印刷,正背面有出票人的印记、密码花押、朱墨间错、三色套印;有的还有版面、图案、花纹之分;有的印有发行机关、官员押字、编号、兑换、用印等;有的印有蒙汉两文,书法文字各异。

我国古代纸币的币材最初起源于布及牛皮、白鹿皮,后期用棉质纸等,但我国古代纸币的币材基本以桑皮纸为主。

古钱币的鉴定和收藏

古钱币价值鉴定

1.看历史价值。珍稀古钱币是货币历史的实物,更是历史的见证。因此在收藏前必须弄清它在历史上的地位。如"成都交子"和"十文中统元宝交钞"是我国迄今发现的最早的纸币,被学术界视为无价之宝;吉林的"广平银币"被认为是我国第一枚机制币;1985年8月在黑龙江阿城县出土的"承安宝货"为我国"一两半计数白银币"的罕品。短命王朝或农民起义时的铸币,由于流通时间短,发行量少,大多是不可多得的珍品。

2.看现存数量。齐、燕、赵等国的刀币,韩、魏、秦等国的布币等年代久远,比圆形钱稀少,价格昂贵。存世数量少的钱币还有唐代叛军史思明占领洛阳后铸的"得壹元宝",后发现"得壹"两字不吉利,便改为"顺天",铸"顺天通宝"。这两种钱币传世很少,"得壹元宝"尤其罕见,为稀世珍品。

3.看文化价值。一些传世并不太少的品类,则主要因其文化品位、艺术价值极高而备受青睐。如汉代王莽新朝时的"币泉"、"布泉"等钱币,用的是垂针篆;北宋仁宗时所铸的九叠篆书体"泉体通宝",是我国最早的美术字,为收藏珍品。

4.看钱币品相。无论钱币珍罕与否,凡有币面模糊、轮廓缺损、锈蚀严重、看相较差者,尽量不要收藏。收藏古钱币时还应注意是否有月纹、星纹等标识，古钱的鉴别以背文来区分铸造年代和地址，品评其稀珍。

一般来说，钱币背面有月纹、星纹等记号的要比背部光面的更有收藏价值。值得收藏的钱币中，用金、银、白铜等精制而成的宫廷钱币，铸量少，质量佳，属珍贵文物。

古钱币综合鉴定

古钱币鉴定是一门细致的学科，它需要我们积累日常知识，注重观察与思考，仔细比较。结合历代的文献资料和前人研究的成果，找出一些可循的、可借鉴的理论依据，从而归纳总结出古钱鉴定中的一般性规律。本文简单介绍几种古钱鉴定的方法。

1.看铜质。我国历代古钱币大多数是以铜合金形式铸造的，因而合金的成分不同，钱币也随之呈现出不同的颜色。各时代的钱币铜质是不同的，又由于古代冶炼技术不同，各地区铸造的古钱也各不相同，每个朝代各有特点。总地来讲，用铜锌合金铸造的钱币呈黄色，铜锡合金铸造的钱币呈青色。清代、民国时期，新疆、西藏等地铸

钱，用铜加少许锌铅，铸成后钱体呈红色。

汉代至唐宋时期的绝大部分钱币均为青铜铸造，其特点是铜色青白中微带淡红。明嘉靖以后，开始向黄铜过渡，至天启年间，用黄铜铸币成为定制，钱币色泽较之以前发生了较大的变化。

例如先秦时的铸币主要是铜锡合金铸成的，铜质呈青红色，质地较硬挺；隋代的五铢钱因为锡的成分大，铜质泛白，称之为白钱；乾隆五年以后，铸钱加锡，叫做青钱。可见，古钱铸造均有规律可循。

2.观锈色。今所见钱币，无外乎两种：一为发掘品；一为传世品。发掘品在地下埋藏了许多年，其表面都长满了铜锈色。传世品也因空气中氧化作用，表面有一层包浆，呈黑色或铜色。

铜是一种比较稳定的金属，在常温下不易生锈。要经过几十年，甚至上百年的时间才能生成氧化铜、碱式碳酸铜等。氧化铜因形成的颗粒大小不同，呈现出黄、橙红、鲜红、深棕等不同的颜色，俗称"枣皮红"、"栗子壳"等。

出土的发掘品钱币表面锈色深深渍入钱币里面，因为其分子结构稳定、紧密，所以真锈很不容易擦掉。而伪造锈色则不然，伪锈多在钱币表面，称作浮锈或粉状锈，比较轻浮，容易脱落，往往经碱水一煮，做上的假锈便不堪一击。发掘品伪锈做法有两种：

一是将伪品钱币放入醋酸中，埋入地下，迅速生成锈色；二是将伪品放入盐卤砂、锡绿、醋的混合液中，把新铜腐蚀成旧色，然后用胶水往钱币上面粘锈。

传世品伪锈的做法是把伪品用火熏黑、擦油、打蜡。传世真品黑得沉着、光滑，而伪品则漂浮、发亮。绿锈的形成又有南北方的差别，地质带酸性的地区氧化程度也相应严重些。北方干燥，雨水少，不易干，则锈色坚硬。南方多雨水并且潮湿，氧化层较松且多呈蓝绿相间两色。

例如南宋钱币发行于南方，出土于南方较多，受地理环境的影响，钱币一般呈蓝绿色。如发现浅绿锈者，则此钱有问题。如果入土区域燥热，铜锈会呈红紫色，但这种锈色不会单独存在于钱体上，必伴有绿锈混杂在一起，称之为红斑绿锈。如发现钱体通为红锈，应属假钱，它是造假者将伪品放入炉中烧红。这种仿锈肤浅，明眼人一看便知是假。

3.看铭文。我国金属铸币的一大特点就是有铭文书写，可以说，每一种钱币文字的字体各有特征，不同时代的铸币铭文，有不同的书写风格。根据这些特征可检验是否为同时代的钱币。另外，在注重各种钱文特点的同时，还可找出钱文的演变过程和变化的规律。这些规律和特征可以作为鉴定古钱真伪的依据。

先秦时期的刀、布、圜钱等金属铸币上的文字是用大篆来书写的。秦汉时期，钱文书体属小篆范畴，如半两、五铢，但已有汉隶风格，其中莽钱为悬针篆。

魏晋南北朝书体复杂。唐代钱币为八分隶书，唐代以后隶书盛行，五代十国主要为真、篆、隶3种。北宋钱币则有篆、隶、真、行、草。自南宋光宗绍熙以后至元、明、清，钱文均以楷书为主，间或篆、隶书体。因为我国是一个多民族国家，铸币钱文又有蒙、满、回、党项等少数民族文字。

鉴定一枚钱币书体对不对，首先要看它是否符合当时的特点；第二步才看它是否符合本品种的特点。如："益化"圜钱虽为先秦大篆，但它又同时有齐文字的特征，不同于同时期其他各国之圜钱文字；发现有东周、西周的圜钱，若其钱文是小篆书写，显然是伪品无疑。

秦半两在古钱中颇负盛名，其钱体厚重，铜质精良，钱文隆起而雄伟，半两的"两"字中"人"字高耸，如发现钱文扁平，一看便知是伪品；如见到清代宝源或宝泉局钱币中的满文书写有错误，则应考虑到宝泉、宝源是清代国家级的最正规的铸钱局，满文的书写绝不会出现错误，则所见之钱币必属伪品。

4.听声音。现在许多钱币学家和收藏者喜欢用听声音的办法鉴定古钱。古钱币由于质地的原因，年代越久远，火气尽脱，氧化越严重，掷于水泥地面其声音也越暗哑。

大概来说，先秦时期的刀、布、圜钱均都是哑音。而明代以后的钱币，距今时间较近，还未受到深层的氧化，声音则是清脆、响亮。如果我们把先秦时期的钱币掷在地上，传来清脆声，则此钱不太可靠；反之，如果明、清钱币掷地为哑音，则也必将怀疑。

5.了解铸造方法。我国古代铸币的铸造，大概经过了子范、母

范、翻砂等几个发展阶段。无论是真钱还是伪品的各种铸造方法，都会在钱币上留下相应的痕迹。这些痕迹就是我们今天鉴定钱币真伪的一个有力依据。

6.闻气味。此种方法是古钱鉴定中最简单的一种。因为伪品钱币多是用化学物质来伪造装饰，往往会散发出一种难闻的、刺鼻的化学性怪味，而真品钱币则没有这种怪味。

7.观版别。从版别上辨别古钱最主要的办法是除了多看钱谱之外，必须要多接触实物，以熟悉各个朝代的钱币真品。不但要注意珍稀品，更要注意大量的普通品种。因为这些普通品很少伪品，能真实地反映各个历史时期的钱币特征。

如战国时期刀布形制特殊，造伪者只好用真品翻砂制造赝品，其破绽在于翻砂铸造后的钱币偏小，较为厚重，文字肤浅，铜质粗糙，锈色不对容易脱落。而且刀币在铸造时其浇口在刀环上，布币的浇口在首端，出落后基本不做修整，保持自然状态，而造假者往往为了品相美观，将刀币、布币边缘磨光滑，实际上是画蛇添足，露出了破绽。

再如会昌开元，因扬州已以昌字纪年，如发现背"扬"字，无论传世品还是出土品均应将其视为伪品。因北宋各代和清咸丰钱币版别最为复杂，也是造假者竞相仿制的对象，我们在日常工作中应对它们的形制多加分析，掌握特征，以防上当受骗。

以上几种鉴定古钱的方法，如果我们加以熟悉和了解，均可以掌握。

古钱币的收藏保管

随着时光的流逝，目前古钱币中常见的品存世稀少，较为难得，一些罕见品古钱币更是凤毛麟角十分难见。对古钱币收集爱好者来说，必须将自己已收集的金属古钱币进行妥善地分类保管与收藏，保管收藏可采用以下几个形式：

1.运用钱柜。系专门用于收藏钱币的器具之一，多采用铁、木材

料制作，其内部常用许多抽屉，可将钱币依朝代、品种的不同而分门别类地予以放置存储，使用起来十分方便。

2.利用钱匣。系专门用于收藏钱币的器具之一，其形体较小，也可具备数层抽屉，多用来收藏较为珍稀的钱币。

3.运用钱盒。系用于收藏钱币的专门器具之一，其形体更为小巧，内部结构也比钱匣简单，是专门收藏钱币珍品的特制器具。其外部多用竹木、塑料或铜、铝等材料制成，盒内里多以绸缎、塑料泡沫等软物加以衬铺，其大小则多以钱币实物之大小、厚薄和数量多寡为规格标准。

4.运用钱板。系用于收藏钱币的专门器具之一，其多用纸板或其他板片状材料制成，它是收藏钱币最简单的方式。钱板之上多按钱币大小刻挖出洞孔或四槽，将钱币置放于内，保存和观赏都极为方便。

5.运用钱册。系用于收藏钱币的专门器具之一，其形式类似集邮册，携带方便，也可将多页钱板合订而成。现代的钱册多由塑料压制而成，在古钱币收藏以及古钱币交换时，其使用效果颇佳。

对金属古钱币中的稀见品、罕见品，过去古钱币收藏家常用象牙盒、骨盒、铜盒等盛放装饰。按目前条件，可放入有机玻璃圆盆，内充氮气，类似纪念币的装裱。对一般普通金属古钱币，可按时代、版别配套，顺序放入木盒中保管收藏为佳。木盒一般长短、大小，可根据自己需要制作，制作的盒内底面钉一层薄泡沫塑料。古钱币放置时钱背朝上，一来保护钱文；二来便于查看登记号，古钱周围用几根大头针固定。

在收集古钱币时，应对筛选过的每一枚金属古钱币都要登记，登记可分清册和登记卡两种方式：清册上内容项目包括登记号、古钱币名称、保存现状、质地、来源；登记卡的内容则包括登记号、古钱币的名称、质地、重量、等级、现状、收集来源、时间地址等。

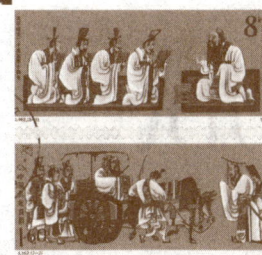

NO7. 邮票的收藏指导

集邮的范围和方式

集邮的起源

世界上第一枚邮票是在1840年5月6日由英国正式发行的。这枚邮票图案采用维多利亚女王头像，面值7便士。当天，大英博物馆的约翰·格雷专门到邮局买下这枚邮票，并作为纪念品保存起来，这可能是世界上第一个以收藏为目的收集邮票的人。

1841年，英国一些时髦的妇女为了装饰开始大量收集邮票。从此以后，收集邮票的风气也就逐渐流传开了。

集邮的范围

概括起来，集邮的范围可分为：邮票类、封类、片类、戳类、邮政用品和邮政史类、集邮纪念品类。

邮票：根据用途不同可分为普通邮票、纪念邮票、军用邮票等20多种，以及小全张、小型张、小版票、小本票、盘卷邮票、电子邮票等。

封：主要是指上面贴有邮资或印有邮资的信封。有实寄封、首日封、军邮免费封等。

片：主要指各式样的明信片、邮折、邮卡、邮筒等。

戳：主要指邮政部门加盖在邮件和集邮品上的戳记。

邮政用品和史料：主要指邮政单据、航空签条、挂号签条、邮局代封券、封口纸、包裹单、邮资条、特快专递签条、保价信函封志等，以及多种邮政资料、公文、新邮报道等。

集邮纪念品：主要指纪念张、纪念卡、邮票艺术瓷盘、集邮纪念像章等。

集邮的方式

大体上可将集邮方式分为：传统集邮、专题集邮和其他方式。

传统集邮：从世界上或者一个国家第一枚邮票开始收集，一枚不缺，其过程是异常艰巨的，对现今的普通集邮者来说是无法办到的。但该方式还可细分为：

按一个国家或地区所发行邮票的时间先后，由不同体系邮票分别组合，形成系列集邮；如人物邮票等，按某一时期或一特定时间发行的邮票收集组合，形成断代集邮。

专题集邮：主要指专门收集不同专题或主题的邮票，组成丰富多彩的主题邮集或专题邮集。其集邮方式又可细分为按图案、按发行目的、按主题3种类型。专题集邮题材广泛，内容丰富，讲究科学性与艺术性有机结合，要求集邮者具有较高的集邮知识水平和较深广的文化水平。

其他方式集邮：指以收集邮戳、邮政用品、邮政史料等为主的集邮方式。

集邮的工具

集邮常用的工具有：镊子、放大镜、量齿尺、书写工

具、护邮袋、衬纸及紫外线灯、集邮工具书等。

镊子：为防止沾污票面，在整理和观赏邮票时一定要用镊子。集邮用的镊子是特制的，尖端呈鸭嘴形，扁平，圆滑。为防生锈，材质以不锈钢的为好，而且表面光洁、平整、弹性好。

夹取邮票时，松紧程度要适度，以防镊子头损伤邮票的齿孔，另外镊子头要保持清洁，夹完后，最好装进干净的纸袋或塑料袋中保存。

放大镜：主要用来分辨不同版次邮票的细微差别；欣赏寸方之地的艺术风光；检查、鉴定真伪和品相好坏的邮票等。

量齿尺：这是用来计量邮票齿孔的必备工具。

书写工具：在制作邮集时，常需要在贴片上书写文字说明，这就需要钢笔、墨水。为了把贴片装饰得更美，又需要规尺、绘图板等文具。

护邮袋、衬纸：护邮袋是用一种黑色衬纸，上面罩一片透明的塑料薄片而制成，起防止邮票损伤和沾污的作用。邮票放入其中显得更加光彩夺目。护邮袋有多种规格，可根据需要加以剪裁；衬纸一般是指衬在邮票下边的黑色或深色纸。使用方法、作用与护邮袋一样。

紫外线灯：这是集邮家专门用来鉴定邮票真假的工具。

集邮工具书：它包括集邮辞典、邮票目录、集邮图鉴、集邮刊物等。

邮集的制作

一种邮集的产生，一般要经过整理和编排两个过程。

整理：整理邮票的过程，就是对邮票深入研究和探讨的过程，也是去粗取精的筛选过程。在整理时，还应充实一定数量的必不可少的封、片、戳等邮品，经过精心编排才可制作出一部成功的邮集。

编排：一部成功的邮集，必须具备四性：思想性，这是邮集的灵魂，一定要具有鲜明的时代特色；知识性，这是邮集的"血"和"肉"，有了它，邮集才富有生命；完美性，这是邮集的"四肢"，邮品一定要具备所需整体，不可缺胳膊少腿，也不可一股脑全搬上；

珍贵性,这是邮集的身价,物以稀为贵,存世稀少的邮品即珍贵,当然,还包含着史料价值和邮史知识。

邮集基本上具备了四性,如再编排得得法才能算是一种完美无缺的邮集。一般在设计邮集贴片时有下列四种做法:即对称排列法;水平排列法;均衡排列法;错落有致排列法。

邮票的计量单位

邮票最小的计量单位是枚。邮局全张是邮票印刷厂打包正式出厂投放邮局出售的成品,全张中含枚数一般多为$5×10=50$或$10×5=50$,也有$8×10=80$、$5×4=20$、$4×4=16$不等。

我国纪念邮票和特种邮票的全张规格为$235×330$毫米。集邮者在购买邮票时,常常以套为单位。也称全套邮票,全套邮票可以是一枚,也可以是多枚。

每张邮票由于分撕成不同的形式,使两枚以上邮票相联,就形成了不同的联票。由4枚相联的邮票组成的田字形,称"四方联"。它可以是同一图案,也可互不相同而是一套邮票,如J·47"中华人民共和国成立30周年"。由相邻的两枚以上邮票组成横双联、3联、4联……或直双联、3联、4联……

有时整套邮票采用这种形式,形成一个完整的图案,如纪念"中华人民共和国成立15周年"为横三联一套。有时整套邮票虽印在一起,但每枚邮票的图案是独立的,如J·122"邹韬奋诞生90周年"为横双连一套,因这套邮票的面值不同,故又称异值双联。

邮票的要素和品相

邮票的画图

画图，是邮票的画面，它所表达的题意和传递的信息，既涉及自然方面的天文、地理和生物等诸多题材，又涵盖社会方面的政治、经济、文化、艺术等广泛内容。人们历来称邮票为百科知识、知识海洋，就是源于对邮票的共识。正因为邮票画图具有如此丰富多彩，包罗万象的题材和内容，所以也有人将它称之为邮票的灵魂。

众所周知，邮票是国家的名片，其所以有此定义，就是因为不同国家的邮票，有它不同的内涵和外延特征。而其主要的区别之处，在于邮票所采用的绘画样式不同、表现手法各异、创作风格和印制水平的差距。有经验的集邮者往往可以不看邮票国名，只看邮票的画图，就能知道邮票的发行国家。

邮票的画图能否恰到好处地表达题意和尽善尽美地展现绘画艺术的特色，将直接影响乃至决定邮票的生命力和艺术感染力。一些有作为的邮票设计家为之呕心沥血、穷其毕生精力，却仍然感到邮票画图是一门遗憾的艺术。由此可见，邮票画图是一项非同寻常的艺术创作，它在邮票上的作用和地位当然也非同一般了。

邮票的国名

国名，也即邮政铭记，是邮票发行国的标示，是国家主权的体现，具有至高的法律权威。除了英国邮票不印国名外，绝大多数国家

的邮票都有国名，只是标示的方法不同而已。

我国邮票的国名就有"大清国邮政"、"中华民国邮政"和"中国人民邮政"，从1992年起，改为"中国邮政"外加英文"CHINA"字样，以与国际接轨。国名的变化反映了政权的更迭和邮政体制的沿革。

国名之文字，是邮票的组成部分。它置于画幅中的什么方位，采用什么样的字体、字号，占用多大的面幅等都有严格的讲究，否则会损害以至破坏邮票的整体之美。

邮票的齿孔

早先发行的邮票是无齿孔的。1847年，爱尔兰人亨利·亚策尔在朋友家做客时，见朋友用针在无齿孔邮票骑缝上扎一连串小孔，而从中受到启发，发明了打孔机。1854年以后，英国首先使用打孔机，发行了带齿孔的邮票。之后众多国家效仿。

光齿：指邮票的齿孔圆孔洞边缘光滑清晰，无毛茬，齿孔中的纸屑完全脱落。

毛齿：指邮票的齿孔圆孔洞边缘不光滑，孔尖呈毛状，圆形齿孔中的纸屑没脱落。

点线齿孔：也称线形齿孔。由于齿孔是用线齿轮打的，因此，邮票齿孔孔洞是短线条状的，齿孔中的纸屑不被打落，仅在邮票骑缝缝间切断开。

国际上规定,在每20毫米的长度中,有多少齿孔就称多少度。这种计量方法是一位法国医生勒格拉在1866年创造的。如一枚邮票四个边上在20毫米内有12个齿孔,就是12度,如是12.5个齿孔,就是12.5度。这种邮票四边的齿孔度数相同,称单式齿孔。如横竖边不相等或四边均不相等的,称复式齿孔。

单式齿孔邮票仅取一边齿孔度表示即可。而复式齿孔邮票,横竖形的则用横竖表示邮票两边齿孔度,如13*12.5表明横13度,竖12.5度。如四个边齿孔度均不相同,可按照时针方向,依次标出上、右、下、左四边的齿孔度数,中间以乘号相连。如是三角形邮票,则按三角形左、右、底边的顺序表示,中间以乘号相连。

邮票齿孔度的测量工具是量齿尺。一般用金属板或硬纸卡制成,上面刻有精密的齿孔度数。它是鉴别邮票真假和区别不同版别的一项重要技术标准,集邮者应高度重视它。

邮票的版别

通常首次印刷发行的邮票称为原版票。如果母版不销毁,经若干年后,在邮票订正使用后又再次发行。尽管仍用当年的母版重新印刷,却称再版邮票。

1980年我国邮电部邮票发行局负责人郑重宣布"中国不重印过去的邮票"。这就确保了新中国邮票的国

际市场的信誉。值得一提的是,在原母版上已经改动,尽管是轻微的改动,但再次印刷发行的邮票被称为改版邮票或新版邮票,不可称再版邮票,称其为再版邮票显然是不科学的。普通邮票由于用量大,同一印版往往要印刷多次,这种印次,只能名副其实地称作是第几次印刷,不宜称重印,因为重复印刷在英文里是"Reprints"即再版之意。

邮票的品相

邮票品相的好坏,好比人的相貌。主要从以下几个方面衡量。

有无残缺、破损。缺角少齿或有破损,无论新旧票品相不好,为残票。特别珍贵的稀有旧票、个别具有文物价值的票值得收藏除外。

有无揭薄。邮票背面有一部分被揭去的常称之为揭薄。被揭去的部分较之周围薄一些,如果邮票图案完美无损,仍有一定的收集价值,但品相较差。

有无折痕和褶皱。有折痕和褶皱的邮票都属品相不好。有些轻微的折痕和褶皱,如经过熨压,可以平整舒展复原,仍有收藏价值。

有无脏污。邮票上有墨点、茶水或其他污斑点等都属品相不好,但珍贵邮票可例外。

有无剪坏、撕坏的地方。当然,早期无齿孔邮票由于剪、撕时,四边不均匀或有少许剪坏,也依然具有珍藏价值。

有无褪色。为保证邮票色彩稳定不变,一定要学会科学收藏方法,否则,褪色品相不好。

有无背胶损坏。刷有背胶的邮票,如背胶发生纵横断裂的折胶或裂胶现象,均属品相差。

齿孔是否端正。由于齿孔打歪使图案不能居中,或出现缺齿、断齿现象均为品相不好。信销票邮戳盖得是否得当。盖销邮票的戳迹越小越好,以不盖住主图案为最佳,反之则品相不好。

邮票的种类和用途

我国发行的邮票

中国人民邮政发行的邮票种类有普通邮票、纪念邮票、特种邮票、航空邮票和欠资邮票。

航空邮票和欠资邮票自1958年以后已不再发行。纪念邮票和特种邮票的票面上都有志号,这是我国独有的。设计邮票志号的目的是便于邮政部门管理邮票,也便于集邮者收集邮票。

邮票志号的编列情况如下:1949年10月至1967年3月的志号是:纪念邮票以"纪"字开头,特种邮票以"特"字开头。以《中日青年友好大联欢》纪念邮票第一枚为例,这枚邮票在下角印有"纪1145—1",右下角印有"(362)1965"。

"纪114"表示是中国人民邮政发行的共114套纪念邮票;"5-1"前面的5,表示

这套邮票共发行5枚,后面一个1字表示这枚邮票是第一枚。右下角的"(362)"表示纪念邮票的总顺序号;"1965"表示发行的年份。

特种邮票也是这样编列。1967年4月至1970年6月发行的邮票没有编号。1970年7月至1973年底,纪念邮票和特种邮票合并在一起,采用连续编号,按枚计算,编号从1至95。

1974年开始,纪念邮票改用"J"字开头,特种邮票改用"T"字开头。除不再印有总顺序号外,其余与1949年10月至1967年3月的编号方法相同。

普通邮票。普通邮票是供日常寄递各类邮件贴用的邮票。票幅面积一般较小,图案较单调。为适应各类邮件资费的需要,面值由低至高种类较多。

这种邮票发行数量大,销售时间一般不加限制,往往一个图案要经过再版或多次重印。因此,收集时要注意其版式及发行日期。

纪念邮票。纪念邮票是为纪念某一重大事件或重要人物而发行的邮票。票幅面积一般较大,图案多以所纪念的事件或人物为主题。多数标印有与主题有关的名称和年份等文字。纪念邮票发行数量较少,并规定发售期限。售完后不再重印。

特种邮票。特种邮票是为了宣传介绍某些有重要意义的事物而特别发行的邮票。它的票幅、面值、发行数量、发售期限等和纪念邮票相同。

航空邮票。航空邮票是专供寄递航空邮件贴用的邮票。最初大多以飞机为图案,近年来也有采用人像、体育等题材为图案的,不过一般都在票面上印有"航空邮票"或"航空邮政"字样。

欠资邮票。欠资邮票是供邮局使用,专在一些未贴邮票或虽贴邮票但未纳足邮资的邮件上贴用。

这种邮票,邮局一般不对外出售,但集邮者可向邮票公司或邮局

集邮窗口购买其新票。世界上最早的欠资邮票，是前荷属东印度，即现在的印度尼西亚于1845年发行。我国也于1904年发行第一套欠资邮票，共8枚。

专用邮票及用途

包裹邮票。包裹邮票是专供寄递包裹邮件贴用的邮票，1879年比利时首先发行。

快信邮票。快信邮票是专供寄递快信贴用的邮票。1885年英国最早发行快信邮票。

附捐邮票。附捐邮票也称慈善邮票，是一种附加费邮票。最初发行这种邮票的目的是捐款救济灾民，所以称为"慈善邮票"。以后捐款的用途日益扩大了，如用于疾病防治、儿童保健等，所以改称为

"附捐邮票"。邮票上除印邮资金额外，还附加若干金额作为捐款。附加的金额由邮局转送给相关机构使用。

公事邮票。公事邮票是专供政府机关寄递公文贴用的邮票。世界上最早的公事邮票，是1854年西班牙发行的。

新闻纸邮票。新闻纸邮票是专供寄递报纸贴用的邮票。世界上最早的新闻纸邮票，是1851年奥地利发行的。

军用邮票。军用邮票是专供现役军人寄递邮件贴用的邮票。世界上最早的军用邮票，是1898年土耳其发行的八角形邮票。

挂号邮票。挂号邮票是为防止丢失信件，由邮局付给收据并可据以查询挂号信件而贴用的邮票。世界上最早的挂号邮票，是1888年巴拿马发行的。有些国家发行的挂号邮票，还在邮票上印有挂号号码。

特殊邮票及用途

小全张。发行纪念邮票或特种邮票时，将全套邮票印在一张纸上，邮票周围常印有美术图案或有关的文字，称为"小全张"。

世界上最早的小全张，是1920年澳大利亚发行的。现在很多国家都先后发行小全张，但一般只是在发行某些有特殊意义的邮票时，才同时发行小全张。

小型张。发行纪念邮票或特种邮票时，取材于全套邮票中的一枚，或与邮票题材有关的其他图案，或把每枚邮票印成小单张，这些都称为"小型张"。如我国1962年发行的《梅兰芳舞台艺术》小型张。世界上最早的小型张是1921年卢森堡发行的。

小本票。小本票是指将若干枚邮票装订成一个小本，用印有图案的硬纸卡做封面。由于面积小，携带、保存都十分方便，很受人们欢迎。小本票是1895年卢森堡首先发行，以后很多国家也相继仿行。

对剖邮票。世界邮票发行史上曾多次出现过这样的事：邮局由于某种小面值的邮票供不应求，不得不采取应急措施，把小面值邮票对剖剪开，各以半价使用，这种邮票称为"对剖邮票"。

邮票中的邮票。最近40多年来，不少国家为纪念首次发行邮票，或为有关邮票的活动而发行的邮票。均采用以前发行的邮票作为图案。这种邮票被集邮者称为"邮票中的邮票"，也称"票中票"。

加盖邮票。我们时常看到有些邮票，在票面上加印一些文字、图案或数目字。这种邮票，通称为"加盖邮票"，也称"加印邮票"。

样本邮票。样本邮票也称票样。是国家邮政机构将发行的新邮票票样分发给所属邮局,或通过万国邮政联盟分发给通邮各国,以供辨认。这种票样都在票面上加印或用打孔凿成"票样"字样。

副票。副票是指附在邮票旁边的纸片,它印有与邮票内容有关的图案或文字。纸片大小一般与邮票相同,有齿孔邮票带的副票也打有齿孔,从外形看很像邮票,但它不印国家或地区名称,也无面值,所以不是邮资凭证,不能作为邮票使用。

副票的位置没有统一规定。有的是一枚邮票带一枚副票,有的是一套邮票带一枚副票,有的把副票排列在邮票的左旁或右旁形成横连,有的把副票排列在邮票的下面形成直连。

我国发行的《童话——"咕咚"》邮票,全套4枚,右旁并带一枚副票,副票上印有图形和文字说明童话的内容,形成横5连。也有些国家利用副票刊登商业广告为国库增加收入,如英国、意大利等。

变体邮票。变体邮票,是指邮票印刷时由于技术上的错误而造成有缺陷的邮票。主要有以下几种:

倒印:双色套印的邮票,印刷时把中心的图案或文字印倒了。

漏齿:有齿孔邮票,发生一边漏打齿孔,或者全部漏打齿孔。我国和美国、瑞典等国发行的小本票,有些是两边有齿,刀切的两边是无齿的,这不算是漏齿。

漏印:在特殊情况下,将邮票的一部份图案没有印出。在邮票上加印文字或改变面值,大都是因为印刷时发生加印的文字、图案、数目字有部分漏印。

重盖、倒盖:邮票上加印文字、图案、数目字时发生重印,出现两次印刷的痕迹,或者把加印的文字、图案、数目字印倒了。

在国外,有些邮商利用人们"物以稀为贵"的心理,千方百计搜罗变体邮票,作为罕见珍品,以高价出售。1937年,希腊将面值50雷普塔邮票加印红"十"字符号和文字,印刷时有一张把加印的文字倒印了,邮局没有发觉已经售出。为了防止邮商投机,又有意地加印了一批同样倒印的邮票,立即发往各地邮局出售,使投机者无机可乘。

邮票的鉴别和收藏

邮票的鉴别

作为一个集邮者,要想在集邮活动中避免上当受骗,就必须具有鉴别邮票的常识。

纯粹的假邮票。鉴别邮票的仿制品,要查阅一些具有权威性的邮票图鉴和集邮工具书。经查对,凡是邮票图签上没载入的,或同邮票图鉴所介绍的内容有出入的,一定要提高警惕,也可请有经验的专家鉴别。

假无齿孔票和假齿孔票。伪造者有时还用真邮票作假。他们常视市场变化,伪造假邮戳或设法洗去邮戳,以及伪造假无齿孔邮票或在无齿孔邮票上打上齿孔。但这些伪造只要通过放大镜均能一一识别。

假加盖章。伪造假加盖票所用邮票往往是真的,极易使人受骗。但只要与真加盖票相对比,很易识别出来。

假实寄封。早期的实寄封,尤其是贴有对剖票的实寄封,十分珍贵。于是便有伪品出现;主要是通过真品与伪品相对照来加以区别的。

假刷色票。有用化学药剂改变出票的刷色,使某种颜色褪掉或变色,伪造"变体票"。凡遇漏印的变体票,一定要格外小心。

"花纸头"。其外貌似邮票,但是无价证券,不能作邮资贴用。鉴别花纸头的方法在于首先从纸质、印版、齿孔、背胶、盖戳等方面

识别,其次注意国家或地区名称:有些花纸头是邮商以阿拉伯酋长国的名义印制的。从1972年8月1日起,7个酋长联合发行邮票,缩写为UAE,但仍有邮商用各位酋长的名义发行花纸头,应注意识别。

邮票的收集

集邮的目的:集邮是为了增长知识、陶冶情操。这一目的明确了,那么收集邮票时,必须先根据自己的经济条件、个人爱好,制订出收集邮票的内容和方法。

现今世界上已有30多万种邮票,全部收集到是很难办到的,因此,集邮爱好者在一开始收集邮票时,就应实事求是,量力而行。

集邮的八字方针:

先里后外。主要指先从收集本国邮票开始,然后按集邮主题的需要,扩大收集外国邮票。本国邮票一好收集;二好熟悉;三好研究。

由近及远。主要指先着手收集近期发行的邮票,收齐后,再按实情,不断向远期发行的邮票扩展。现今刚开始集邮的朋友,应先着手收集近期发行的J、T字头票;继而收集编号邮票、文字头邮票等。再着手收集较远期发行的邮票,但一定要量力而行。

收集邮票的方法:

寻找。指从旧信封或其他邮件上收集自己所需邮票。如果能找到旧的或年代较久远的信封,最好连同信封一起保存,再多方面考查一下这枚信

封连同邮票的实用价值。因为一枚有价值的实寄封是难得的。

购买。集邮单靠找邮票很难取得突出效果,所以需买一些十分必要的邮票。

交换。收集邮票时,常可收集到数枚同种邮票,有人称之为复品。从复品中选出最好的一张保存后,其他邮票均可与其他集邮爱好者交换,互通有无。这是集邮的重要途径和手段。

邮票的保存

邮票的整理。收集到邮票一定要整理。如果自己已确定了收集范围,比如文学艺术、科学技术、动物、植物等,那就要分门别类及时整理。分类整理邮票的同时,也是熟悉邮票内容的过程,这对收集专题集邮或主题集邮大有帮助。

邮票的保存。收集来的邮票最好不要夹在书里,因为一是不利于欣赏和拿取;二是容易损伤和沾污。保存最理想的地方是邮票册或护邮卡片。邮票册一般分3种:一种是插册;再一种是贴册;第三种是装订成册带有邮票目录的贴册,开有全册邮票的目录。

刚收到的邮票可暂存在插册里,以备分类整理。插册易动,易伤齿孔,易吸湿,因此邮票不可在内久留。已经整理分类的邮票,最好放进贴册里。活页的贴册既便于集邮者随时整编,又利于长期保存。如果确立了一个专题,可将有关的邮票编排在贴册里,并写上简明的文字说明,就成了一部专题邮集。专集的内容可随自己收集的邮品的增加,不断充实、提高。

邮票目录贴册由于有目录提示,邮票的格局已固定,并印着有关邮票的文字资料,集邮者可将自己收集到的邮票对号入座。可使邮票一目了然。美中不足是格局固定,不利于集邮者的创造性,显得呆板,不生动。

护邮卡片即人们常说的护邮袋,是用来暂放复品,用于交换时防止损坏邮票的袋子。

邮票的防护。在保存邮票时，除了注意给邮票选择理想的存放处外，还应注意：一定要用集邮专用镊子拿取邮票，手不可直接接触；有背胶的邮票不要相互重叠，最好在两票间加一张白衬纸，以防粘在一起；邮票要置于干燥、通风、阴凉的地方；要防止其他物质和气体的侵蚀。

邮票一旦出现沾污、皱折时，可采取下列科学方法处理：

去污点：如果邮票上沾有油污，可将邮票置于玻璃板上，用一点棉花，蘸上汽油轻轻擦洗票面脏的地方。待汽油挥发后，再蘸点肥皂液，轻轻在沾污的地方擦一下，再放进温水中洗去皂液，待洗净后，放在吸水性好的白纸上，晾干后压平整即可。

除皱折：只要不是死折，就可用弄潮湿的白纸和洁白布，捂压在邮票上，待皱折舒展后，再放进白纸本中压平整。如果是有背胶的新票，在进行上述方法前，先在票背上衬一张比邮票大的新香烟锡箔纸，这样既可保护背胶，又可防止背胶与纸本粘连。

N08.奇石的收藏指导

奇石的文化与历史

文化溯源

从某种意义上说,一部浩如烟海的人类文明史,也就是一部漫长的由简单至复杂、由低级至高级的石文化史。

人类的祖先从旧石器时期利用天然石块为工具、当武器,至新石器时期的打制石器;从营巢穴居时期简单地利用石头为建筑材料,至现代化豪华建筑中大量应用的花岗岩、大理石装饰材料;从出土墓葬中死者的简单石制饰物,至后来的精美石雕和宝玉石工艺品;各种石头始终伴随着人类从蛮荒时代逐步走向现代文明,直至久远的未来。古今一切利用石头的行为及其理论,就构成了石文化的基本内容。从这个意义上说,石文化现象不分古今中外,是全人类所共有的。

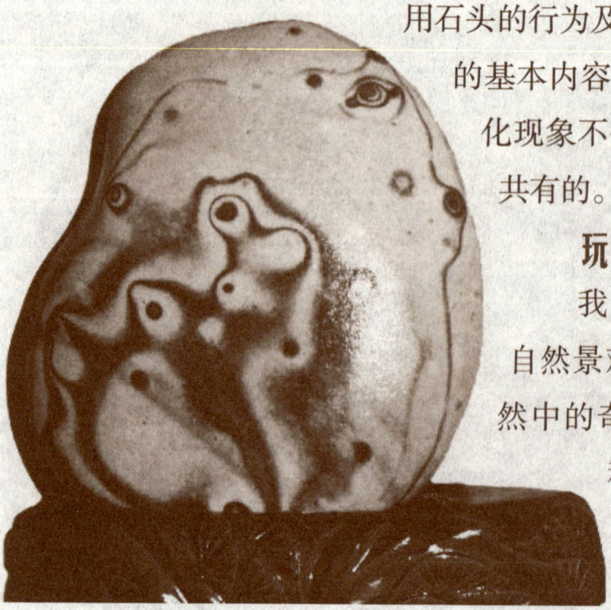

玩石文化

我国历史悠久、奇形怪状的自然景观举不胜举,而作为大自然中的奇形怪石,经过宇宙雷鸣和山川河流的自然洗礼,已经脱胎成神似或形似的自然之趣,日久便成

为一种审美文化了。

它的文化内涵除了用于取火、盖房、做磨盘、锻打武器、制作工艺品等的实际功效外,还是一种精神象征,它给人以生命的悟性。其质地和载重而不垮,可喻为坚强的意志;其形态刚中见柔,柔中见刚,刚柔相济,可喻为有情有棱角的个性;其拙朴厚重,可喻为大智若愚;其坦然沉静无言,可喻为献身的精神。

赏石文化

奇石,又称观赏石、雅石、供石、石玩,日本称之为水石,韩国称之为寿石,是指不用雕琢、具有自然美感的石头。包括奇特的化石、矿物晶体和岩石等。奇石具有独特的形态、色泽、质地、纹理。奇石具有观赏、收藏及科研价值。

赏石文化是人类石文化现象中的一个重要分支,其基本内容是以天然石为主要观赏对象,以及为观赏天然奇石而总结出来的一套理论、原则与方法。包括赏玉文化、园林景观奇石等多个方面,其历史要比石器文化晚得多。

我国先秦时期就已有相关记载,而黄帝更被认为是早期赏石文化发起人。另一方面,由于东西方民族在历史和文化背景方面的显著差异,东方赏石文化与西方赏石文化是分别经历了各不相同的发展道路而形成的,其内容和特色在许多方面也截然不同。

古人说:"山无石不奇,水无石不清,园无石不秀,室无石不雅。赏石清心,赏石怡人,赏石益智,赏石陶情,赏石长寿。"观赏奇石,要讲究瘦、漏、透、皱、清、丑、顽、拙、奇、秀、险、幽等。

上述方面,更主要是要从质、形、色、纹、势等方面去把握奇石之美。赏石文化的源头在中国,千百年来国人的爱石、搜石、藏石、品石之风源远流长,形成了一种传统的赏石文化。并进而影响到海外许多国家和地区,时至今日,赏石渐成国际潮流。

奇石的种类和品种

奇石主要种类

奇石根据观赏和应用的不同分五类：

第一类谓天然风景石，如黄山飞来石、云南石林、桂林骆驼石、福建平潭县的石海狮礁石等。

第二类谓庭园景石，是庭园堆山叠石、散石点缀、孤石欣赏与造景，形体较大，置于室外庭园中的自然奇石，如太湖石、斧劈石、灵璧石等。

第三类谓盆景石，是制作大中小型盆景用的石材。

第四类谓石工艺，是以某些天然观赏石为原料，以人工加工为主成形的工艺品，如石刻、石雕、石砚、印章等。

第五类以室内陈列布置或摆设为主，独立观赏，以自然形成为要素，形体较小，可以移动，精美别致，并配有盘、盆、座、架、锦盒之类的附属物，是具有较高观赏和收藏价值及文化艺术品位的石质艺术品。

此类观赏石也是属于狭义的观赏石范畴。它包括千姿百态的山水景石、形象生动的象形石、色彩艳丽的图案石和纹理石、剔透晶莹的矿物晶体、富有观赏价值的古生物化石及具有研究收藏价值的事件石和纪念石等。也包括为表露石之天然色彩、图纹，经切割或研磨，配以几架装饰的大理石等图纹石或色彩石。

奇石的主要品种

黄河石。从广义上讲，自黄河的发源地巴颜喀拉山到黄河入海口，绵延数千千米，沿黄河两岸山峰、沟壑的大量石块以及入黄河的河流、湖泊携带的石块，进入黄河后，经过浊浪的搬运冲刷而形成的石块，便统称为黄河石。

由于黄河石的来源是多渠道的，所以石源丰富，石种庞杂，可以说黄河石集奇石之大成，黄河就是一座天然的奇石藏馆，是一个五彩缤纷的奇石世界。

类画石。所谓类画石，指呈现在石体上的人物、动物、植物、山水花鸟虫鱼等物象。有的抽象，有的具体，有的速写，有的泼墨，有的素描，有的如国画，有的像油画，手法多变，所表现的万物生灵犹如绘画一般，都在像与不像之中让人神秘莫测，揣摸不定。

图案石。图案石就是在奇石的表面，以平面画面表现石情画意。大自然以天然之笔将矿物质染浸在石上而形成景物、人物、动物、静物、建筑物等社会之万物，或以曲直线条表现，或以色块构成，穷极变幻，手法各异，无奇不有，皆属图案石。

纹理石。就是由规则或不规则的纹理和线条组成的石块。这些带色的纹理是岩石受自身析出的铁离子染色，沿节理裂隙充填，而形成的氧化铁等矿物质的沉淀。

造型石。整个石体像人、像物、像器皿等立体象形。造型石又有形象石与意象石之分，造型石的审美可归纳为质、色、形、趣、韵、气6字要素。韵致和气质属于抽象的范畴，因此非形象石，我们也称为抽象石。不是每一块抽象的造型石都有一种韵致或一种气质，有韵致、有气质的是好石。几乎任何一块石头都不可能全面符合质、色、形、趣、韵、气6项要求，但一块石头应符合几项要求才算好石，也难于一概而论。

人物石。奇石的造型像人物，奇石中的图案像人物，在石品上构成人物图象的，均称人物石。

有的以流畅的线条形成人物速写，有的以大块色相将人物渲染得惟妙惟肖。无论是造型、线条、色彩，所构成的人物无不栩栩如生。

动物石。不同石品的造型像动物，图纹、线条、色块构成的动物，都可谓之动物石。有的是头像，有的是全身，有单一，有群体，有嬉戏追逐者，有飞奔觅食者，恰如一个天然的动物世界。

组合石。组合石也叫配套石，把几块意思有关联的奇石，组成景观、典故、吉祥用语等，这可提高赏石者的文化品位，扩大其知识面，也可使奇石自身产生较高的观赏价值和经济价值。

常见的有：黄河石中的日月星辰，从日出日落至月升月落；植物中的岁寒三友：梅、竹、松；动物石中的：年年有余、十二生肖；人物石中的古代四大美女：西施、貂蝉、王昭君、杨贵妃；寓言中的：东郭先生和狼；还有文字石中的：福星高照、春夏秋冬等不胜枚举。

牡丹石。石质通体黑或绿，属沉积岩类。全身长满大小不同花瓣状斑点，或淡绿或纯白的花朵，构成牡丹状，看似朴素，却又给人一种华丽高贵之感。

化石。古生物的遗体或遗迹，在地壳运动中经矿物质置换而形成的岩石。化石可分为：古生代：几亿年前的无脊椎动物和低等植物化石；中生代：6000万年至2亿年前脊椎动物、爬行动物和较高的植物化石；新生代：几十万年至距今5000年前的哺乳动物和高等植物化石。

灵青石。千壑百间，巧而不拙，孔暗而显，高低呼应，有夺天工之妙，洞岩悬壑、曲径、通断，支撑妙而奇，如在飘渺中，似人间仙境。

寓理石。奇石的形、色、质、纹、韵、音等方面，都含有一定的哲理，而且寓意又明显深刻，确实起到警世育人的作用。好的寓理石能使人使已终身受益。

122

奇石的鉴赏和收藏

奇石的鉴赏

奇石自身具有自然美、社会美、艺术美,加之人们平时的文化、艺术的积累,便能达到天人合一、石人合一,赏石水平提高了,便达到了以石怡情、赏石养性之目的。

掌握赏石之道、赏石之法,必须要拓宽自己赏石的知识面,不仅要学习古人的赏石方法和理论,还要向现代人学习,学习美学知识,学习书法、绘画、摄影中的线条、构图、用光等理论基础知识,学习自然科学、社会科学,带着这些艺术理论,对奇石进行赏评。

尤其是书画摄影艺术与奇石艺术,可谓姊妹艺术,有很多相通相似之处,一言以蔽之,整体素质提高了,赏石水平也就上去了。鉴赏可从以下几个方面入手:

1.质:指构成石品的矿物成分,多以石英质、玉质为上品。一般是以硬度来判断石质优劣的,石品的密度越大,硬度越高。观赏石的硬度一般为4度至8度为较好。

质地纯正,无其他杂质,表面光滑、细腻的奇石有一种秀丽美;有的石质松、软、疏,表层粗糙,无光泽,具有一种粗犷美。光滑细腻、质地纯净、硬度高、光润透明者为上等,结构松软、陈杂、表层粗糙、灰暗、硬度低者次之。

2.纹:品上的圆、点、线、面及块状等所构成的规则与不规则、流

畅或呆滞的纹路图案或形状。奇石上的花纹分凹、凸纹，平、斜纹，点、线纹，粗、细纹，面、块纹。纹又分单双色、混合色纹。凡线条节奏明快、富有韵律、变化无穷、妙趣横生者，都可谓精品石。

3.色：赤、橙、黄、绿、青、蓝、紫于一体者为上乘，混合色、双色、单色次之。色为意生，意为色存，色、形、意完美统一，可谓奇石之精品也。

4.像：奇石上的抽象或具象的图案和物像。有的清晰，以流畅的线条表现出了山水之美；有的雄浑，以大面积的色块构成人物、动物等图像。无论什么形式，均生动活泼地表现了自然界的万千物像。

5.意：奇石的造型或图案所含的意境，有的深远，给人以遐想；有的明晰，给人以直率；有的博大，给人以开阔；有的含蓄，给人以思考。不同的意境，会给人带来不同的感悟。

6.形：形是大自然造化而形成的天然的外在形状，有三角形、圆形、椭圆形等，总之千奇百怪，无所不有。有的形体具象，有的形体抽象，有的形神兼备，具象者奇巧逼真、活是活现，抽象者变化万千，耐人寻味。

石头的形状尽量要完整，观赏面没有较深的裂痕和纹路，或者不影响观赏。从整个石形外观上看，圆的造型能给人一种圆润、光滑之感；正三角造型能给人一种对称、均衡、平稳的舒适之感；倒三角造型能给人险中求夷的惊奇感。好的奇石造型奇特，表象富有情趣，石体无残缺破损，整个外形与其内容和谐相称，表面的形体与内在的精神相辅相成。

石的神奇是石形体内涵的精气反映，神指奇石的内在精神、气质、意境、神韵。神是奇石的个性体现，无神的奇石平淡无奇、毫无生机，有神的奇石能使人勃然心动、给人以艺术的感染力。形是奇石的外观形体，奇石的躯壳；神是奇石的内在神韵，奇石的灵魂；形是神的载体,神依形而存,完美的奇石形神兼备。

7.神韵美:除了具有表象美之外,即所表现的各类景与物的客观形象形态,还具有形态之中的神韵美。神韵是无形的,是通过人的大脑思维想象、情感的领悟等一系列的心理活动,而显现出来的某种情意与事物的意象,此意象就是在形象的基础上感悟出神韵。

形是神的外壳,神是形的内核,形与神是不可分割的统一体。在奇石的品种中,具有万物形态,形态中又蕴藏着幻化的神韵,这些石品都具备了形神兼备、回味无穷的神韵之美,进而更体现了意境美,意是情之意,境是心之境。神韵美的奇石情景交融,最具有艺术生命力和感染力。

8.艺术美:石纳入文化艺术的范畴,从美学、文学、色彩学的艺术高度,与冰冷的玩石通灵,寄情于石,情石相交,达到石人合一的境界。然后展开神思的翅膀,以丰富的想象,把玩石变为奇石,把奇石变为艺术品,石我交融,通过欣赏奇石的艺术美。从中得到一种慰藉、一种享受,这就是奇石的艺术美。

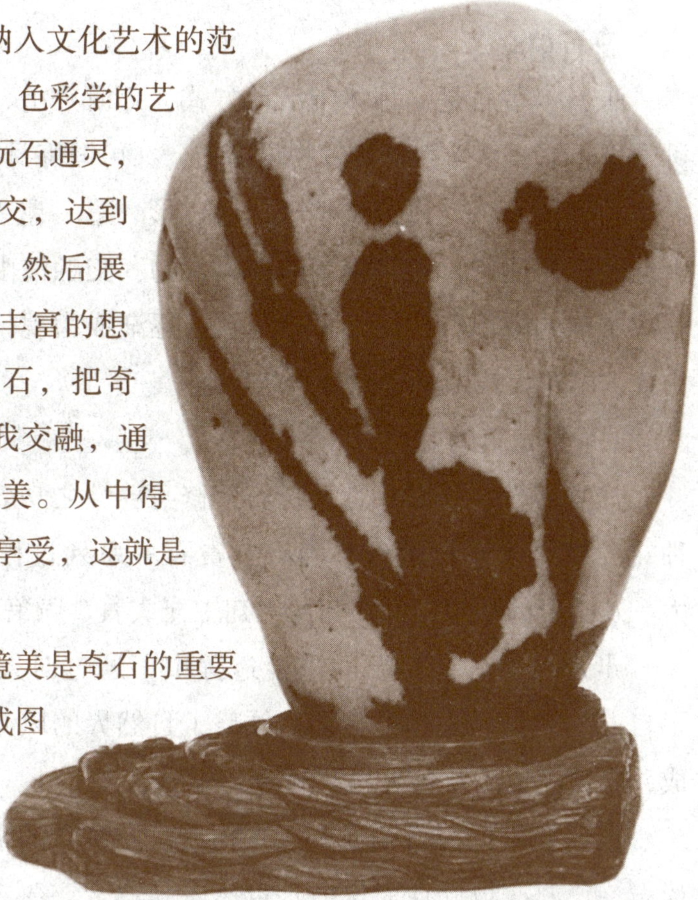

9.意境美:意境美是奇石的重要组成部分,指石体或图案夸张、谐趣、神似或概括写意、融入感情、抒

发艺术联想，以达到完美的艺术境界。就奇石的美丑而言，奇石图案美与造型美能达到完美的统一，当属上乘精品。

若图案美，造型平平，甚至有裂痕伤迹，也仍不失其观赏价值，因一美遮百丑，内在的美能涵盖外形的丑。缺乏意境的奇石，石块再大，石质再细腻，也没有观赏价值，因为内容是起决定作用的，形式是为内容服务的，美的奇石是内容和形式的统一。

奇石的审美标准在于其形和神的完美结合。总之，鉴赏奇石应从石形、石质、石色、石纹展开想象，由实到虚，由表到本，由繁至简，由意至韵，由妙至玄逐步升华，可自我欣赏，全家欣赏，聚友欣赏，一块奇石甚至需要多年的观察，才能真正领略其意境。

奇石的采集

采石、赏石是一种休闲活动方式，郊游登山、顺便采捡奇石，既可宽松心情，享受大自然景物之乐趣，又可锻炼身体。

捡回的石头经过清洗整理，色、形、意、趣会将你带入一个新的天地。石尤通灵，石我相看两不厌，物我交融情由景生，奇石自然也就成了你的爱侣和伙伴，采集奇石已逐渐成为现代人休闲的一种生活方式，不花大钱即可得到奇妙之乐趣。

1.采集奇石的好处：

修身养性：捡石、赏玩奇石其修身养性之功效，胜于琴棋书画、种花养鸟之类。从捡石、养石、赏石一系列过程，对人的耐性、毅力、及心境的联想，都在知与不知中充实着、陶冶着。

走进自然：在奇石的采捡过程中，通过对大自然的接触，开阔了自己的视野，舒达了胸怀，领略了自然界的风光，认识了地球的形成，丰富了地质及各种岩石的构造和形成。

以石会友：石石相通，人人相近，在奇石的采玩过程中，寻石、谈石、论石，彼此谈天说地，自然志同道合，久之必成益友。尤其奇

石步入市场后,捡到好的奇石自己珍藏,多余的出手后,再买自己中意的,通过奇石的贸易,即可以石养石,还是一条致富的门路。

以石悟道:图案石上的山川河流,花鸟虫鱼,无不显其灵性。造型石千奇百怪,世有石有,可待人们没发现之前,沉睡千年,也不卑不亢,即便供奉厅堂后,也不言自重。

奇石不仅有烈日的曝晒,风雨的肆虐,还有急流的冲刷,物质泥土的腐蚀,尽然在弯曲坎坷的河流中冲撞,却炼就了钢铁般的身骨。沉睡使其柔美;坎坷使其坚强;在亿万年的酸碱侵蚀中,冲刷使其美丽精神,肆虐使其丰润典雅。想奇石,念其人,人生偌如石,学石,做石,定会还你一个真正的自我,完美的人生。

2.采集奇石的方法:

蕴藏在山川、河流、沟壑等处,裸露表面的奇石,早已被觅寻

千万遍，采集更深层的奇石，可带上铁爪钩、铁锹、铁铲等挖掘类的器械，而且水壶也不可少，雨具、遮阳伞、食品、饮料之类的东西，一应俱全。在采集的过程中，最好结伴同行，以防挖掘时山体塌陷、河滩上流开闸放水。

山体采挖：泥砂石山体极易塌方，采挖时一定要小心谨慎，最好2人至3人结伴工作，以防不测。

河滩捡石：在河滩捡石时，时刻要关注上游的水势，且不可掉以轻心。最好在大雨之后去捡石，千万石块被大雨冲刷后尽现眼底，各种花纹造型一清二楚。此时可收集成堆，留弃与否，而后再细品琢磨。

山林采石：有些山林远离闹市，野兽经常出没，采石一定要结群而行，衣着要整齐，一定要遵守山林法规，不准挖掘的地方不可滥采、乱挖。要保护自然环境，国家禁采的钟乳石严禁采挖。

奇石的收藏

1.收藏的意义。收藏奇石,一是可陶冶情趣,将自我融入到大自然中,物我一体,天人合一;二是通过繁荣的市场经济,在贸易中,提高自己的赏石、藏石质量,增加收入;三是育人育己,奇石的文化内涵和自身的美,不仅自己能从中得到美的享受,而且能令更多的人在其美的艺术氛围中得到启迪和教育。寓教于乐,收藏奇石不仅有社会价值、科学价值,还有一定的经济价值。

收藏多含有个人的好恶和观念,收藏奇石虽无定法,但也有规律可循,从造型:有方圆、大小、抽象者、具象者;从石质:有细腻光滑者,质地纯净者,粗犷松软者;从色彩:有单色、混合色、五彩色;从图案:有形象藏露,有虚实相兼,有形神兼备。石之内容与主题,全露者会一览无余,全藏者使人莫测。收藏奇石,应全方位、多侧面,对每块收藏品应做到形有尽而意无穷,切不可拾到篮子里都是菜。

2.收藏注意事项。

选择藏品的最佳时机。在经济不景气时,往往是购入的好时机。藏石在质、形、色、纹、韵几方面越完美,经济价值越高。该藏品是否具有现在未被重视,而在将来被重视的特质?如果有,那么现在购进其增值空间就大。藏品的需求热一旦形成,其市场供应量是否会迅速增加?如果是,其盈利的上升空间就很小。

另外,品牌意识、名人效应、系列收藏等因素也很重要。社会承认名家,市场则承认品牌。所谓品牌主要包括两项内容:社会知名度和历史知名度。那些在电视、书报、画册、展评中经常露面并获过大奖或被历史上的名人收藏过的奇石,其增值的空间就大。

NO9. 印章的收藏指导

印章的历史概述

印章的起源

我国的雕刻文字,最古的有殷的甲骨文,周的钟鼎文,秦的刻石等,凡在金铜玉石等素材上雕刻的文字通称"金石"。

玺印即包括在金石里。玺印的起源或说商代,或说殷代,至今尚无定论。根据遗物和历史记载,至少在春秋战国时已出现,战国时代已普遍使用。起初只是作为商业上交流货物时的凭证。秦始皇统一中国后,印章范围扩大为证明当权者权益的法物,为当权者掌握,作为统治人民的工具。

先秦的印章

战国时期，主张合纵的名相苏秦佩戴过六国相印。近几年来，出土的文物又把印章的历史向前推进了数百年。也就是说，印章在周朝时就有了。传世的古代玺印，多数出于古城废墟、河流和古墓中。有的是战争中战败者流亡时所遗弃，也有在战争中殉职者遗弃在战场上的。当时按照惯例，凡在战场上虏获的印章必须上缴，而官吏迁职、死后也须脱解印绶上缴。

其他有不少如官职连姓名的，以及吉语印、肖形印等一般是殉葬之物，而不是实品。其他在战国时代的陶器和标准量器上，以及有些诸侯国的金币上，都用印章盖上名称和记录上制造工匠的名姓或图记性质的符号，也被流传下来。

古玺是先秦印章的通称。我们现在所能看到的一般最早的印章大多是战国古玺。朱文古玺大都配上宽边。印文笔画细如毫发，都出于铸造。白文古玺大多加边栏，或在中间加一竖界格，文字有铸有凿。官玺的印文内容有"司马"、"司徒"等名称外，还有各种不规则的形状，内容还刻有吉语和生动的物图案。朱文古玺大多加边栏，或在中间加一竖界格，文字有铸有凿。

隋唐的印章

隋代继秦代之后，开启了我国古代印章制度与风格的又一新的历史阶段。这表现在如下几个方面：

1.由于简牍早已全面退出日常生活，纸张在政府公文等方面的普遍使用，公印不再局限于简牍上所能取得的狭小平面，边长从0.023米左右猛然增大至0.054米左右。由于印体加大，公印不像秦汉时代那样刊刻职官名而发给官吏本人佩带，而是转为发给以官吏为代表的官署，完成了由职官印向官署印的转变。公印不再佩带而变为匣装，置诸衙署。

2.由于印章不再钤抑封泥而转为钤于纸帛,封泥时代结束,钤朱时代到来。印泥出现了。同样出于追求醒目的实用目的,公印也由秦汉的阴文转为阳文。

3.秦汉印主要分铸、凿两种,故所用缪篆平正谨严。隋代公印是用薄铜片盘曲成印文再焊于印面上,故又称蟠条印。其印文盘曲,多为圆曲笔道。后世为将宽大的印面填满,更将文字笔画任意重叠折绕,发展为九叠文。

4.秦汉时代,官印从不署款。从隋代开始,官署印有了刻款的习惯。有印款隋公印凡见三例,皆刻铸造时间,如"观阳县印",背部凿款"开皇十六年十月十五日造"。

宋代的印章

宋初百废待兴,官印一度袭用五代旧印。不久重铸公印时,印文多嵌"新"或"新铸"字样,以区别于五代公印,如北宋太平兴国五年"东关县新铸印"等。百官印一律用铜铸造,大小依官阶高低而有所区别。宋早期公印印文与印边粗细相若,以后印边逐渐加宽,如989年铸"拱圣七都虞侯朱记"印边已比印文宽近一倍。至南宋景定元年铸"嘉兴府金山防海水军统领印",印边已宽达0.003米。

宋公印印文不再如隋印那样用蟠条法制造,而是直接铸造,印文笔画间已不似隋唐印疏阔。方长形柄钮已不见穿孔。与隋唐公印偶有背款不同,北宋早期公印多刻有年款,标明铸印年月,如"东关县新铸印"背凿"太平兴国五年九月铸"。中期以后,在刻凿年款的同时,还凿有兼管颁发铸造的机构"少府监"的名称。如"保捷弟一百三弟六指挥使朱记"。南宋公印转由文思院统管,背款中"少府监"遂为"文思院"取代。

夏辽金的印章

两宋时期,与中原汉族政权对峙的皆为少数民族政权,北方有

辽，西北有夏，东北有金。后来辽为金灭，蒙古人又毫不客气地收拾了西夏、金，最后灭宋建立了元朝。

这四个少数民族建立的政权和朝代，在公印制度上都不同程度地受到宋朝公印制度的影响，但又创造了自己一些别具一格的特点，在印文上出现了有趣的现象。西夏公印用西夏文，辽、元公印有的用汉文，有的用契丹文或八思巴文，金公印则全用汉文。

1. 西夏公印

西夏，1038年至1227年，是由党项族建立的政权，其文字吸收了汉字笔画的一些特点，但与汉字完全不同。西夏公印有以下几个特色。

我国古代公印基本上皆为正方形，宋辽金元也莫能外，西夏公印却独用圆角形式。隋唐以来，朱文公印已流行了400年，但西夏公印皆为满白文，笔画极粗，而且使用边框。其印文吸收了宋朝流行的九叠文特点，印面安排匀整饱满。

印文从2字到六字不等。其中两字的"首领"印最多，占现存西夏公印的9成。"首领"两字西夏文为上下安排，与汉人两字印多作左右安排不同。两宋公印一般背款中只刻铸印年月和机构。西夏公印却在印背左边刻铸印年代，不记月日，更不见铸印机构。而在钮右印背刻执印者姓名，这在汉人公印制度上是从来不见的。有时西夏公印在背钮顶端还用西夏文刻"上"字，这显然是受到宋印的影响。

2. 辽印

辽，916年至1125年，是契丹人建立的政权。其子民分为以农业为主的汉人和渤海人，以及以畜牧业为主的契丹和奚等族人。为此，辽本着因地制宜，"以国制治契丹，以汉制待汉人"的原则，实行南面官、北面官并行的制度。公印也分别采用汉篆文和契丹文。契丹文又分为契丹大字和契丹小字。契丹文为辽神册五年根据汉字隶书之半增损得之。1125年金灭辽后，仍继续使用，直至1191年才废止。明清以

来已无人认识，成了真正的"绝学"。

3.金朝公印

金朝，1115年至1234年，是由我国东北历史悠久的少数民族女真族所建，曾与南宋、西夏鼎足而立，对峙百余年。金建国之初，使用在征辽伐宋过程中掠去的辽、宋官印。1156年海陵王改革金朝官印，追缴袭用之辽、宋旧印。1149年至1189年成为金代公印的典范时期，公印铸造精工，外观平整光滑，很少见到气孔和毛刺。

金印一般印背左侧刻造印机构名称，如少府监、礼部、尚书礼部、行宫礼部等，右侧刻铸印年及月。印台侧面刻印文名或兼印章的编号。如1200年的金"库普里根必剌谋克印"，印台左侧面刻"库普里根必剌谋克印"，印背右侧刻铸印年月"永安五年闰二月"，左侧刻造印机构"礼部造"。金朝晚期内忧外患，金廷只好扩大军队，增设军官，致使同——军职和同一级军事机构的公印数量激增，同一名称公印只好按顺序编号。编号有两个系统，即五行系统和千字文系统。这种编号印主要流行于1209年至1234年。

元朝的印章

元朝，1271年至1368年，是蒙古族建立的政权。其公印有汉文印和八思巴文印两类。前者行用于八思巴文颁行以前的辽元代早期，如内蒙古昭乌达盟宁城县辽中京大名城遗址出土的1265年"武平县尉司印"，印文即为标准汉文九叠篆。

1269年，忽必烈命令国师八思巴创立拼音文字八思巴文，即所谓"蒙古新字"，以后汉字九叠文公印就越来越少了。八思巴原为西藏喇嘛教萨逊派法王，他创立的新字不像辽、金、夏文字皆与汉字有一定渊源，而是从藏文发展而来。其八思巴文印吸收了宋印九叠文的特点，极为匀称整齐，棱角分明。元八思巴文公印的一大特点就是背款皆为汉字，这也是今天我们识别八思巴文的最重要依据。

明清的印章

明代,1368年至1644年,皇帝、王府之宝用玉箸篆玉印。这种篆书"笔画两头肥瘦均匀,末不出锋",乃"篆书正宗也"。

此外,明代内阁印用玉箸文银印,直钮,方1寸7分,厚6分;将军印用柳叶文,平羌、平蛮、征西、镇朔等将军印用螭鼎文,皆银印虎钮,方3.2寸,厚9分;其余百官印都用九叠文,铜印直钮,这类印比重最大。如故宫博物院藏明1389年造"朵颜卫都指挥使司之印"。

明代直钮已由两宋长方形板状钮变为上小下大的椭圆柱状,加高至0.08米左右,形成后世俗称的"印把子"。明代官印背款皆凿年款及编号。

应该指出,两宋之时,九叠文中所谓的"九"是一个概数,极言其多,不一定确有九叠,也可能只有五叠、七叠,叠即一字中横画的层数。但明代九叠文中绝大多数确有九层横画。

清代百官印等级区分同样十分严格,印章普遍有所增大。其字体有蒙古文楷书、满文、汉篆等。最常见的是汉满文对照同时出现在印面上,这也是清公印的一大特点。其中汉篆中,九叠文不太兴盛,出现了玉箸篆、悬针篆、柳叶篆、芝英篆等。

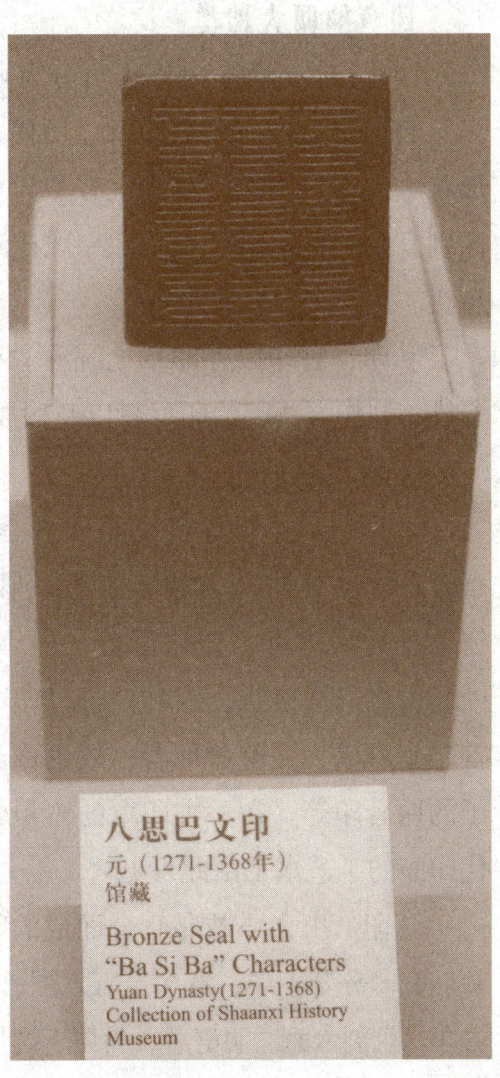

八思巴文印
元(1271-1368年)
馆藏

Bronze Seal with
"Ba Si Ba" Characters
Yuan Dynasty(1271-1368)
Collection of Shaanxi History
Museum

印章的不同类别

印章的两大种类

印章种类繁多，基本上可分为官印和私印两类。

官印：官方所用之印章。历代官印，各有制度，不仅名称不同，形状、大小、印文、纽式也有差异。印章由皇家颁发，代表权力，以区别官阶和显示爵秩。官印一般比私印大，谨严稳重，多四方形，有鼻纽。

私印：官印以外印章之统称。私印体制复杂，可以从字意、文字安排、制作方法、治印材料以及构成型式上分成各种类别。

不同用途的印章

子母印。子母印又称玺印，是大小两方或三方印套合而成的印章。印文多作朱文，始于东汉，盛于魏晋六朝。一般铸有兽、龟等纽，外大印为母，纽作母兽，内小印为子，纽作子兽，可套入大印内，合成母抱子状，因称"子母印"。有母印纽作兽身，子印纽作兽首，套合成为完整兽形者，故也称套印。有一母一子的套印、一母三子的两套印等。在一方印章的体积中，兼备了几方印的使用价值，古代印匠的工艺水平由此可见。

套印。由大小数印套合而成的印章。汉代之"子母印"即套印之一。套印分若干层，有多至五六层，每层五面都可刻印。最末一层为小方印，可刻六面。明清后，为便于携带，套印多以铜、石、牙等制成。

象形印。也称"图案印"、"肖形印",是刻有图案印章的统称。古代象形印,一般刻铸有人物、动物等图像,取材宽广,浑厚古朴,简练生动。多白文,一为纯图画,一为图画中附有文字,今所见者以汉代居多。

图案印。图画入印自战国至汉魏都有,以汉代为最多。又称肖形印或象形印。形式多样,简练生动,除了人物、鸟兽、车骑、吉羊、鱼雁等图案外,常见以吉祥的四灵,即龙、虎、雀、凤入印,这类印又称为"四灵印"。

凿印。一般凿印是指刻印的一种方法,即在预制的金属印胚上凿刻印文;也指用此法刻成的印章。其印纹文字错落有致,大都为将军印和颁发给少数民族的官印,流行于汉魏晋南北朝。相传其起源是因军中官职往往急于任命,印信大都仓促凿成,故别称"急就章"。此法为后世篆刻家所仿效。

印章的鉴赏和鉴定

印章的鉴赏

1.印文的鉴赏。鉴赏印章文字，先要把握艺术表现手法的特征，如书法、章法、刀法，再要体会印文内容中蕴含的情趣、意味，综合起来细细品鉴、慢慢欣赏。

2.书法的鉴赏。历来有成就的印艺家对书法都十分重视，"无一讹笔"是保证印文具备鉴赏价值的重要前提。篆字初看起来是有点陌生，其实学起来很容易上手，要精通却很难。

篆字是以"形"为中心发展而成，虽然后来已经变为意象，但探其本源，总有形的影迹可循，所以篆字从一开始就具备美术性。

3.章法的鉴赏。印文章法就是字与字、行与行之间的位置安排和整体布局的方法。符合情理的章法能给人以高品位的享受，不合情理的章法明眼人一看就知道底蕴不足甚至是冒牌货。

章法的基本要求是平衡、老实、大方、端正，汉印章法大多根基于此，进一步要求自然生动，这样才可供玩味。

4.刀法的鉴赏。古人凿铜刻玉，力艰功深，其过程较为复杂。佳石极宜受力，一如良纸之受笔墨，铁笔所行之处，石屑纷披，呈现出天然崩裂的效果，留下的线条痕迹具有古拙苍劲的金石气息。

刀法大致可分为两种：冲刀和切刀。冲刀行进爽快，一泻千里，很像书法中一拓直下的笔法，能表现出雄健淋漓的气势；切刀则行进较慢，用短程碎刀连续切成，一步一个脚印，犹如书法中的涩笔，能表现出遒劲凝炼、厚实稳健的气象。有时两种刀法结合起来使用，效果更佳。

5.边款的鉴赏。边款,就是铭刻在印章面或周面的姓名、年月等文字记录。按照钟鼎等铭文的称法,"款是阴字凹入者,识是阳字挺出者",但是在印章领域,不论阴阳,通常统称为边款或款识,很少有把印章阳文款识称为"边识"的。

上古印章极少署款,文彭以双刀行书款开了风气,此后的印家各显身手,使印章边款迅速上升为印章艺术的重要组成部分,起到了像绘画题跋一样的作用。

在款识的刻制上,也同样显示出印家们精彩的刀法和高超美妙的书法境界,值得我们细加品鉴和赏析。

6.印谱的鉴赏。印谱是印文以及款识的载体。钤拓精美的印谱不仅可以让我们尽情欣赏其中的佳作,而且它本身也是一件艺术品。

印谱的钤拓分为两个步骤,一是印底文字的钤朱;二是印章款识的墨拓。印谱传拓的好坏直接关系到印文、印款的表达,故有"刻之功六、拓之功四"的说法,可见印谱钤拓的重要性。

印章材质的鉴定

印材是篆刻艺术最基本的凭借材料。宋元以前沿印大多用质地较为坚硬的金、银、铜、玉或水晶、犀角、象牙、竹、木等为材料。

至元代，王冕始试以花乳石作印。由于花乳石质地细腻温润，且容易受刀，一时间成为擅长书画的文人治印的普遍用料。

到了明代，石质印材越来越被印人广泛采用。石章质地松脆柔糯，易于入刀，加上刀法不同会产生出比其他印材更为丰富的艺术效果，所以深受历代篆刻家的青睐。此后印坛即以石章作为刻印的主要材料，并一直延续至今。

在历代治印所选用的石材中，最常见的是青田石、寿山石和昌化石三大类，另外还有被引入印坛不久的内蒙石和东北石。各类石章由于产地不同，其质地、性能和色泽也各不相同，各有特点。一方名贵的石章，不但有其本身的价值，而且具有很高的艺术审美价值，所以名贵印石的收藏也代不乏人。

NO 10. 艺术品的收藏指导

艺术品的特征和价值

艺术品的概念
艺术品一般是指有一定的文化底蕴或有一定的民族特色和艺术魅力的欣赏品。它具有以下特征：

1.针对性比较强。针对某一领域的人群可能是极佳的审美享受，而相对另一领域的人群可能一分不值。

2.无明显的国界、时代之分。古代有古代的艺术品，可能到了现代还成为很好的艺术品，也可能随着历史的变迁和人文科学的进步，将会退出艺术舞台。

3.差异性大。价格可以从几元钱至上万元，材质从普通的物品至稀有物品，只要是有艺术和鲜明的欣赏特征就可以认为是艺术品。

艺术品价值规律
艺术品作为流通客体的艺术商品是艺术本体与艺术载体的统一体。艺术商品的价值是由艺术本体的价值和艺术载体的价值两部分构成的。

1.艺术本体价值形成的个别性

营构艺术本体的创作构思设计劳动是自主的、复杂的、个体化的精神生产劳动，具有极强的自由性、主体性和独创性，是不能集中、批量、标准化生产的。因而，也是不同艺术门类的劳动者独立的创造。它不是标准化、社会化的生产物，因而，它的价值量也不能用

"社会必要劳动时间"来衡量，是难以与同类劳动进行确切比较的。

当然，艺术本体的价值量并不简单地等于生产它的单纯的"台上一分钟"的个别劳动时间决定的价值量。而是由以创作主体长期训练的探索性劳动量、反复练习、排练的实验性劳动量等"台下十年功"的累积劳动量为依据，以承认艺术创作经验、艺术传达和表现的技能技巧、个人禀赋的差异、社会影响和时尚因素以及稀缺程度为基础的市场认同的个别必要劳动时间决定的价值量。

2.艺术载体价值形成的个别性和一般性

艺术载体是创作主体外化、物化其构思的审美意象的物质媒介系统。艺术传达制作劳动创造艺术载体的价值，大致分为三种情况：

一是原创艺术载体。这种创造的劳动具有独特的个性和风格，是

个体化的,其创造的价值量无法用社会必要劳动时间确定。

二是人工复制的艺术载体。这类载体的复制劳动虽然没有独创性,但却需要有丰富的经验、高超的技艺和娴熟的技巧,具有传达制作的模仿性、复杂性。这种劳动同样是个别的,也是不可比的,其价值量也难以用社会必要劳动时间计量。

三是机械复制的艺术载体。如平面作品的排版、印刷,歌曲磁带、歌舞、戏剧、影视录像带的录制、复制和光盘的刻录,电影胶片的拷贝等都是可以批量、标准化、社会化生产的,其创造的价值是能够而且必须由社会必要劳动时间来确定和计量的。

3.原创和人工复制艺术商品的价值形成具有个别性

机械复制艺术商品的价值形成是艺术本体价值形成的个别性与艺术载体价值形成一般性的对立统一。从质的方面看,原创和人工复制的艺术商品的价值主要表现为由市场认同的个别必要劳动时间决定。机械复制的一般艺术商品的价值,本体部分由市场认同的个别必要劳动时间决定,载体部分由社会必要劳动时间决定。

从量的方面看,原创艺术商品一样一件,件件不同。人工复制的同种艺术商品数量有限。因而,在这两类艺术商品的价值构成中,艺术本体的价值分值很大,在单位商品中占有较大的比重。而机械复制的一般艺术商品数量巨大,在它们的价值构成中,艺术本体的价值分值极小,单位商品中包含的比重微乎其微。

因此,载体制作劳动创造的价值反而成为主要的了。正是这种价值构成的二元性决定了艺术商品的价格与其他商品价格的根本区别。

艺术品的主要类别

艺术品的类别

现代艺术品的范围已很难界定，因为现代艺术实践活动繁复多样，与传统的艺术实践有太大出入。艺术品的用途范围也越来越广泛，越来越普及。这也导致了艺术品或者说艺术的两个极端。一个是艺术品或者艺术越来越浅俗，另一个是艺术品或者艺术越来越高深。

这种现象更进一步扩大了现代艺术品的范围，也同时导致艺术品的分类越来越复杂。很难找到一个完美的给艺术品分类的依据和方法。为了给艺术品分类，本文综合艺术品的创作工艺、表现材质、表现形式、表现方式、使用目的、功能性能、时间范围等来大致地给艺术品做一个分类。

绘画类艺术品

绘画类艺术品又可分为：素描、速写、中国画、油画、版画、壁画、水粉画、水彩画、漫画、连环画、插画等。

青铜器艺术品

青铜器艺术品大致可以分为：礼器类艺术品、兵器类艺术品、杂器类艺术品、农具类艺术品、青铜铸币类艺术品、铜镜类艺术品、铜炉类艺术品、铜像佛像类艺术品等。

书籍类艺术品

书籍类艺术品大致分为：古籍善本、陈旧平装书、线装书、鉴赏图书、连环画图书、画报、图册类、摆设图书及其他图书类艺术品等。

雕塑类艺术品

雕塑类艺术品大致分为：石雕类艺术品、木雕类艺术品、竹雕类艺术品、牙雕类艺术品、角雕类艺术品、根雕类艺术品、玻璃钢雕塑类艺术品、砂岩雕塑类艺术品、金属雕塑类艺术品、复合材料类雕塑艺术品等。

织印染绣类艺术品

织印染绣类艺术品可分为：纺织类艺术品、印制类艺术品、染制类艺术品、织绣类艺术品等。

票据类艺术品

票据类艺术品大致分为：票据类、钱币类、邮票类、火花类、卡类等。

书法类艺术品

书法类艺术品可以分为：中堂、条幅、对联、斗方、扇面等书法艺术品。

服饰类艺术品

服饰类艺术品可分为：帽类、鞋袜类、马甲类、褂类、上衣类、袍类、内衣类、泳衣类等服饰类艺术品。

民间工艺品

民间工艺品可分为：民间绘画类艺术品、剪纸类艺术品、民间玩具类艺术品、皮影艺术品、民间工艺类艺术品等。

文房四宝类艺术品

文房四宝类艺术品可分为：笔类、墨类、纸类、砚类及其他配用类艺术品。

家具类艺术品

家具类艺术品大致包括：椅凳类、桌案类、床榻类、柜架类、屏风类。

摄影类艺术品

摄影类艺术品大致分为：风光摄影、人物摄影、静物摄影、新闻摄影、动物摄影、广告摄影以及其他摄影。

玉器类艺术品

玉器类艺术品大致包含：首饰类玉器、器物类玉器、陈设玉器等。

珠宝首饰类艺术品

珠宝首饰类艺术品涵盖广泛，大致包含：耳钉、耳环、耳坠、耳线、项链、项圈、腰链、手链、手镯、臂环、脚链、戒指、项坠、胸针、发簪及其他相关佩带艺术品。

传统工艺品

传统工艺品主要包括：漆器、金银器、鼻烟壶、珐琅器、古董钟表、中国风筝等。

陶瓷类工艺品

陶瓷类工艺品主要包括：陶类工艺品、瓷器类工艺品、瓦罐类工艺品等。

艺术品欣赏和收藏

国画的欣赏和收藏

汉族传统绘画形式是用毛笔蘸水、墨、彩作画于绢或纸上,这种画种被称为"中国画",简称"国画"。我国传统绘画工具和材料有毛笔、墨、国画颜料、宣纸、绢等,题材可分人物、山水、花鸟等,技法可分工笔和写意,它的精神内核是笔墨。初看国画,要欣赏的不是画面如此简单,还要看下面几项是否精美。

1.画工。作品可表现出作者成就。画面,就是画工的具体表现,我们往往主观批判该画的好与坏,就是受画工的影响最大。

2.书法。中国画与西方绘画不同之处,其中一项就是书法。国画画面上常伴有诗句,而诗句是画的灵魂,有时候一句题诗如画龙点睛,使画生色不少,而画中的书法,也影响画面至大。书法不精的画家,大多不敢题字,虽然仅具签署。也可窥其功底一二。

3.印章。画面上常见印章有各方面使用:画家的印玺、题字者私章、闲章、收藏印章、欣赏印章、鉴证印章等。而各种印章的雕工、印文内容、印章位置,都在评介之列。尤其古画,往往有皇帝、名家、藏家及鉴赏家的印鉴,可佐真伪。

4.装框。中国画装裱独具一格,常见有纸裱、绫裱两大类。纸裱较粗,绫裱较精。裱边的颜色、宽窄、衬边、接驳、裱工等都十分讲究。

5.功力。从事书画修养越久的人,表现出的功力越深厚,尤其是

书法,老手多苍劲有力,雄浑生姿。国画方面,其线条、设计、意境也表现出作者功力。所以人生经验丰富的艺术家,其作品往往较年轻画家有不同表现,这就是功力。

6.布局。布局看来似是画面的设计,其实是作者胸怀中的天地在画面布局中的表现。中国画与西方绘画不同的地方甚多,最明显之处就是留白,国画传统上不加底色,于是留白甚多,而疏、密、聚、散称为留白的布局。在留白之处,有人以书法、诗词、印章等来补白。也有让其空白,故从布局可见作者的独到之处。

7.诗句。字画中的诗词,往往代表主人的心声。一句好诗能表现作者的内涵和学养,一句好诗,也能起到画龙点睛的作用。

8.印文。无论字或画,常有压角的闲章出现。所谓闲章就是画面或书法留白的角落。而印上的文字,有时影响字画甚大。从印文中也可看到作者的心态,或当时的环境。好的印文,配以好的雕刻刀法,盖在字画上,使作品更添光彩。

画具有怕热、怕光、怕湿、怕霉和怕虫咬的"五怕"特征。要收藏保护好字画必须把握好四个方法:

1.要避光。因字画一般都以纸、绢等为载体,阳光中的紫外线会使纸、绢的纤维变质或泛黄、褪色、发脆,造成字画的损坏,从而缩短字画的寿命。所以,字画应放置于避光、阴凉、干燥和清洁的地方妥善保管。

2.要去尘。字画收藏前,最好掸去字画表面的灰尘,防止把灰尘卷进字画,也要防止轴头中发霉或污染和虫蛀。对于绢本的字画尤应注意,灰尘落在绢缝里,一定要耐心把它清除,否则一遇潮气,字画的寿命就会缩短。此外,灰尘中潜伏着人眼看不到的虫卵,在温、湿度适宜时就变成成虫,日后便会蛀咬字画。因此,字画不应该一挂数年,因为挂的过程就是缓慢风化、变质、褪色和损伤的过程。

3.要防潮。一是要选择不潮湿的墙壁张挂,并要在室内避开有水蒸气的地方,预防平时的湿气附在字画上;二是在雨季到来之前,应暂时将裸露的字画收藏起来,梅雨季过后,及时选晴朗、干燥的天气将字画逐一展开或张挂,以便在通风中驱散潮气。

4.要密封。收藏字画者最好能把字画用牛皮纸包裹好放入密封性能好的箱子或柜子里,同时在箱角处放上樟脑块等驱虫用品,以防虫蛀。

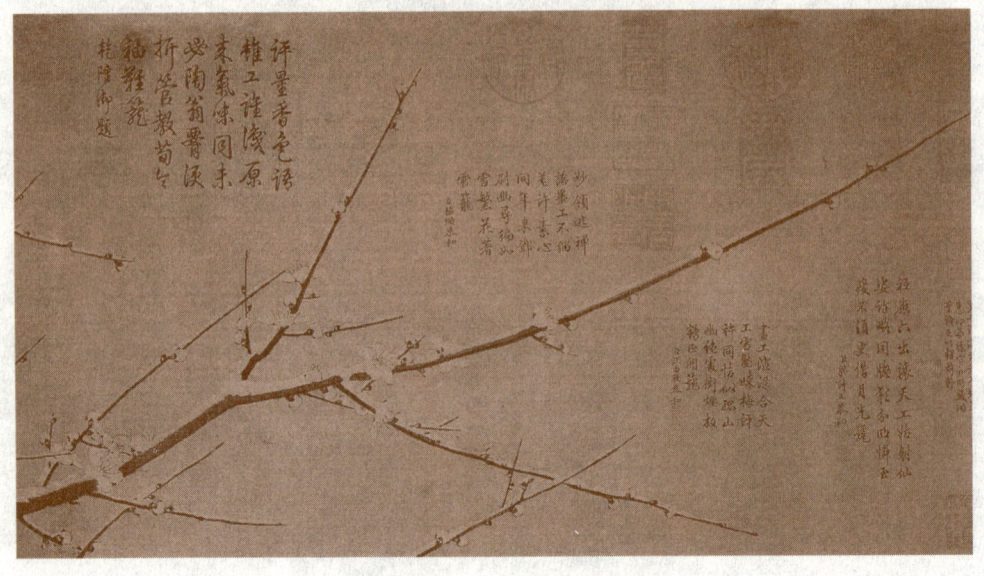

再放入吸水性能好的土纸，则可保字画安然无恙，延长字画寿命。

书法的欣赏和辨伪

我国书法之美是其他国文字所不及的，而欣赏书法也是一门学问。要较深入地欣赏书法，得有两把刷子，即"历史的刷子"与"书法的刷子"。历史的刷子包含了书法史及中国历史；书法的刷子则包含了文字学知识、书写技巧、鉴别碑帖的能力及艺术涵养。它们都是密不可分的。

1.知晓古今之书法演变。书法演变是有前因后果的。从殷商的甲骨文至现在所看到的文字，5000年的岁月展露无疑。欣赏时如果不清楚书法史，而将隶书与草书、楷书相比，就有如一部历史电影中张飞与岳飞同时出现在一个场景中，大煞风景。

2.知晓古今之书法家背景。王羲之那鼎鼎大名的"兰亭序"是在略有酒意时写下的，事后多次尝试也写不出更好的作品。如果不知道其背景，那也就无法深入地欣赏"兰亭序"，因为你无法搞清楚它的前因后果，也无法捉摸笔意。

3.有文字学知识。书法家最爱在文字上做文章了，有时为了变化，将多种字体（如隶书、草书）合为一种字体，有时学仓颉造字，为文字增减笔画。如果这时，误把"山"、"宗"当为一字，念为"崇"，书法中所注重的整体感便消失殆尽，没有了字距、大小之美。相同的，如果不知哪种是隶书，哪种是狂草，而将其混为一谈，后果可想而知。

4.有鉴别碑帖之能力。欣赏书法必具备鉴别碑帖之能力，避免欣赏到伪帖而不自知，完全吸收，将不堪设想。

5.有书写技巧。所谓"内行人看门道，外行人看热闹"，不懂书写技巧则无法真正体会书法之美。用笔用墨之妙乃为书法欣赏的重点，不知书写方法，不亲身体验，如何体会笔墨之妙？这也就是大部

分鉴赏家也为不错的书法家之因。

6.有艺术涵养。其实欣赏任何一种艺术都要有如置身其中一般投入，用心去看，才能真正感受到骨力、姿态、神韵、气魄，欣赏书法才有意义。

我国的艺术市场十分火爆，许多名家书法在拍卖场上卖出的价格少则数千、多则数万，有时抛出他们的作品，一夜就能成为富翁。于是一些人就采取各种手段作伪，牟取暴利。对广大投资者和收藏者来说，必须要提高自己的眼力，这样才能避免打眼。

那么，如何来鉴定名家书法赝品。要多看名家书法的真迹，除了要熟悉书家的书体内容、用笔、落款、印章等外，最重要的是要把握好三个方面：

1.名家书法的笔画、结字的特点

如吴昌硕的行书字形拉长，骨瘦如乞，横画向上斜，竖画一律向右外拓展，他的篆书也是右高左低，竖画往往出锋。"草圣"林散之的书法转折处都是圆的，而沈曾植的书法转折处却很生硬。另外，沈的下笔尖锋偏锋落笔虚尖过长。齐白石的用笔比较方折，形体方正。张大千的结字左低右高耸右肩。郑孝胥的字中捺最具特点，他的捺弧度很大，粗细一致，出锋的走势向右上扬。李叔同的字无棱无角，线条圆劲，字体瘦长。

掌握了名家书法笔画和结字的特点，就可以在鉴定中把一个个字拿出来对照比较，如果对照下来确实无误，那么，再来研究书家的整体风格。

2.把握名家书法的艺术风格和个性

有成就的书法家往往字如其人，从拍卖场上看，收藏家青睐和追捧的名家作品大都有很强的艺术风格和个性。比如沙孟海的行书风格雄强劲利，霸气十足；于右任的草书笔笔随意、字字有别，或大或

小，或长或扁、或斜或正、或枯或润，其风格雄浑豪放；林散之的草书一泻千里、挥洒自如，常常意到笔不到；李可染的书法是融行、楷、篆等几种书体为一体，它既有篆的笔法，楷的结体，又有行书的意态，其作品气势开张，圆浑苍厚，极富金石味；郭沫若的书法结字潇洒多变，章法不求功稳，整幅作品往往神完气足。

所以在鉴定名家书法中，有时会遇到单个字像，但整体艺术风格和个性不像；有时会遇艺术风格和个性像，但某个字不像。两者如果互用很容易找出作伪者的破绽。另外，枯笔的运用也令作伪者头痛。笔者见过不少书法赝品大都没有枯笔。

3.把握名家书法的落款和印章

名家的落款由于平时书写得最多，它的特色最明显，作伪者一般很难写好。众所周知，西方国家一般没有印章，出门办事往往凭签字，如果有人假冒，可以作笔迹鉴定。字画投资者和收藏者可买一些这方面的工具书。如上海书画出版社出版的《近现代书画家款印综汇》等，有了工具书可以将落款和印章进行比较。

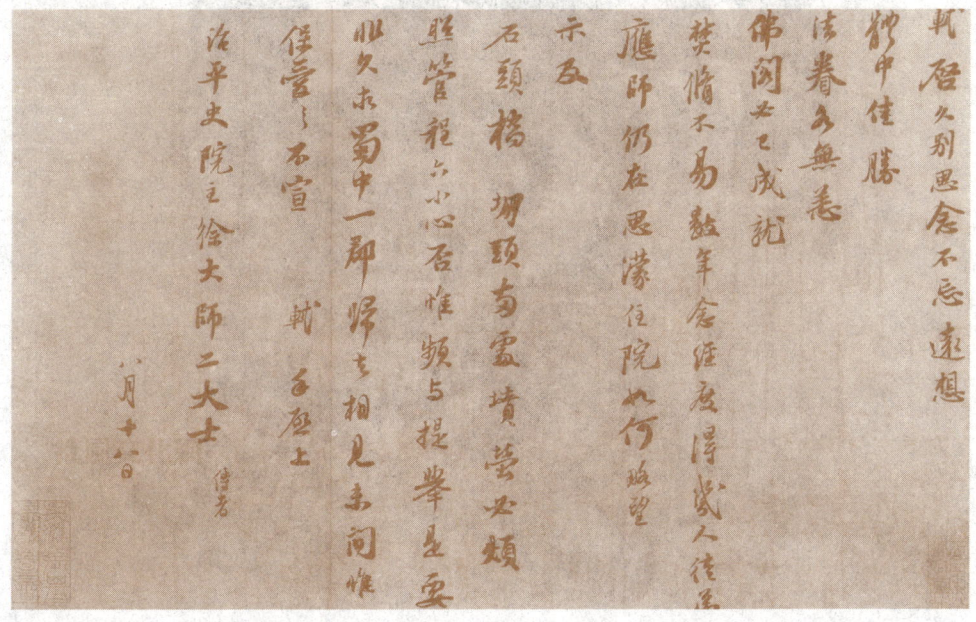

总之，一般作伪的书法总有破绽，要么字的笔画有问题，要么艺术风格不像，要么落款印章有误。投资者和收藏者只要认真学习，细细琢磨，总能看出作伪的破绽。

雕塑的特性和收藏

雕塑是造型艺术的一种，又称雕刻，是雕、刻、塑三种创制方法的总称，指用各种可塑材料或可雕、可刻的硬质材料，创造出具有一定空间的可视、可触的艺术形象，借以反映社会生活，表达艺术家的审美感受、审美情感、审美理想的艺术。

现当代雕塑品中，以石雕、铜塑、木雕为多。石雕中花岗岩雕最易保养，大理石则不一样，因其没有花岗岩坚硬，因此易损坏，不太

适合在室外展放。砂岩类雕塑的保存要注意防止风化及湿度对其的影响，此外，擦拭时也要杜绝使用化学性试剂。

铜雕具有不受其形状限制的延伸性，可耐久保持，但不能使用清洁剂与水洗，也不能太粗糙地刷抹或敲打，平时保养用软布擦拭即可。木雕的材料比较特殊，一定要避免潮湿环境，由于材质关系，因此要注意避免外力或从高处坠落。

剪纸的特性和收藏

剪纸是中国人祈福与祝福的符号，是几千年无数代劳动人民口授心传、约定俗成的生活文化史，它透出人们对生活和人生的态度。作为收藏品，剪纸和其他艺术品相比具有形式简单、投资不高、易于保存的优势，随着社会关注度的增强，其价值也会随之上升，尤其是真正民间老艺人的作品更具优势。

剪纸艺术品与其他收藏品不同的是，只有手工制作才有收藏价值，而工艺水平是决定作品价值的最关键所在，一些机器批量制造的作品没有收藏价值。相对尺幅和题材来说，尺寸越大的作品价值越高，生活化的题材比简单的传统题材要更有价值，尤其是带有明显地域文化特色的作品。

在我国，民间剪纸的主要产地是陕西、山西、山东、浙江、湖北、安徽等省。这些地区的剪纸市场日趋活跃，剪纸艺术家和大师级作品十分抢手。

判断剪纸收藏价值的高低，除了看地域因素以外，还要看工艺和收藏编号。工艺的落脚点在纹路上，肉眼就可以辨别；带有编号的剪纸，其价值会略高，涨幅偏快。但因为剪纸的材料易于破碎，加之镂空较多，容易损坏，因此对剪纸藏品的保管应格外小心，一般可装订成册或装框收藏。

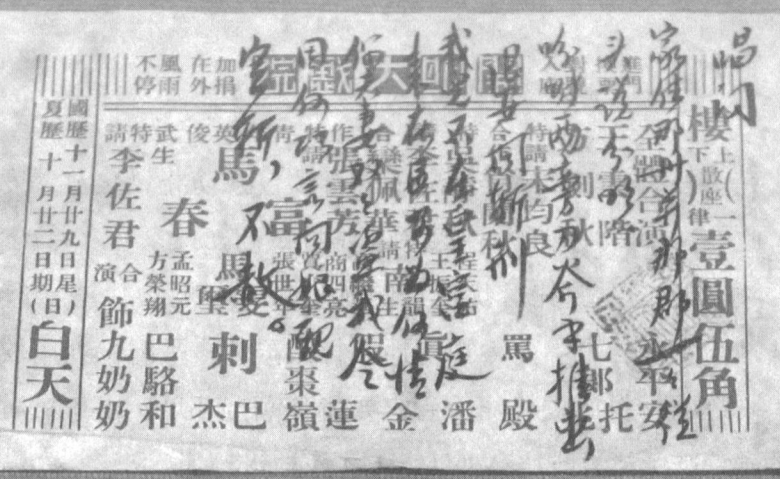

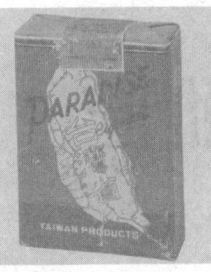

NO 11.现代收藏品的选择

现代收藏品的价值

现代收藏品增值空间大

所谓现代收藏品，就是涉及现代自然、艺术、人文、科普等方面的有历史意义、有升值空间的物品。说简洁一点就是现代所有物品的收藏，当然应该是有价值的。

只有一些有艺术价值，有美感，有历史文化底蕴的物品才有可能成为现代藏品。虽然现代收藏收藏的是现代物品，但是，其价值丝毫不亚于古玩，因为有相当多的现代藏品还走出了天价行情。

关于收藏品，投资者最关心两个要素，即风险和收益。而艺术收藏品和股票市场长达半个世纪的投资回报统计表明：收藏品长期投资回报要好于股票市场，其风险则远远小于股票市场。

从风险角度看，股票市场的周期性非常强，无论获利还是亏损，及时卖出都至关重要，否则结局往往是利润减少或亏损加大。但优秀收藏品本身的特性，

使它不同于股票的涨上去、又掉下来，好的收藏品一定是持有时间越久价值越高，长线看几乎没有任何投资风险。

这也是为什么第一套人民币持有第一个十年上涨100倍，持有第二个十年继续上涨100倍，持有第三个十年即便上涨势头减弱但价格却继续昂首上扬的道理。

而从收益角度看，一支好股票上涨10倍是一大关，但好的收藏品上涨10倍只能算"毛毛雨"，甚至上涨100倍、1000倍、1万倍的名画、钱币、邮票也比比皆是。

现代收藏品文化价值高

很多收藏爱好者认为，年代越久的收藏品就越值钱。这其实是个误解。藏品的收藏价值主要体现在历史文化价值、稀罕程度和工艺水平上。一些高古陶器，尽管有数千年的历史，但因其存世量大、制作粗劣，其价值远远低于后世的一些精稀藏品。汉代、唐代一些存世量很大的铜钱，今天在市面上不过几毛钱一枚。而一些现代工艺的翡翠器物，却能卖到数十万元。

收藏界有这样一个说法，当时就很值钱的东西，现在仍会很值钱；当时不值钱的东西，现在还是不值钱。

明清时期，皇帝集中了全国最优秀的制瓷人才到景德镇，专为皇家烧制瓷器。这一时期的官窑瓷器不计成本，极为精良，在当时就身价不菲。

在近年的一些拍卖会上，明清官窑瓷器的精品动辄拍出数千万元的惊人价位。而一些民用陶器、瓷器，因做工较为粗糙、没有什么工艺价值，当时也只卖几文钱一个，直至数百年后的今天，其收藏价值仍然不高，只有三五十元一件。

收藏品的价格弹性很大，即使是同一件收藏品，其价格也会因人、因地、因时而异。有的藏品可能收藏价值并不高，但有人出于特

殊爱好,有人为寄托某种特别的感情,有人为了配齐系列藏品中的缺品,却视其为珍宝,不惜以大价钱购得。

由于各地的收藏氛围、购买能力不尽相同,一件藏品在不同场合的"身价"可能会有很大悬殊。"地区差"因此便成为精明商人的生财之道。例如:某国画大师的一件作品,多年前在一般小城市的拍卖会上成交价仅1万元,在大城市则拍出了6万元,再拿到北京,成交价变成了几十万元。

收藏是件很奇妙的事,既被人称为花钱的"无底洞",有多少钱都能投进去;但同时也有人说,钱少照样能搞收藏。其中诀窍就在于要学会以藏养藏,即以有限的资金投资于有升值潜力的藏品,在适当的时候兑现收益,再进行下一次投资。

现代收藏品的种类

现代收藏品的种类很多，有人将其分为自然历史、艺术历史、人文历史和科普历史四大类。

其中的热门小类有：字画、邮票、奇石、石器、石雕、玉雕、玉石玉器、砖雕、"文革"藏品、票证、钱币、纸品、连环画、发行量少的书籍、现代瓷品、陶品、根雕树雕、文房用品、民间独具特色的艺术品。也是品种繁多，不可胜数。

总之，现代收藏也是个品种浩繁的收藏类别，和古玩收藏一样，都有着巨大的发展机会和空间。下面介绍现代收藏最热的几个品种。

人民币

人民币是中华人民共和国法定货币，由中国人民银行设计、印制和发行。中华人民共和国自发行人民币以来，历时60多年，随着经济建设的发展以及人民生活的需要而逐步完善和提高，至今已发行了五套人民币，形成纸币、金属币、普通金属纪念币和贵金属纪念币等多品种多系列的货币体系。

除1、2、5分三种硬币外，第一套、第二套和第三套人民币已经退出流通市场，现阶段流通的人民币是中国人民银行自1987年以来发行的第四套人民币和1999年发行的第五套人民币，两套人民币同时流通。

中华人民共和国第一套人民币停止使用长达50年之久，市价已超过300万。如今国内收集第一套人民币全套的不超过10人。随一版人民币

强势增值,人们开始把焦点聚焦在二版人民币上。2002年以来,各路藏家陆续争相在市场寻宝,二版人民币稀少的存世量使其观赏、纪念、珍藏、投资价值与日俱增,收藏迅速升温,至此已升值了2000多倍。

纪念钞

纪念钞是为了纪念重大事件而特别发行的钞票。由于其具有纪念意义且发行量小,所以有着很大的收藏价值和升值潜力。通常可分类为两种:一是单纯的纪念钞,完全独立设计;二是流通钞改作,加印上一些特殊的标记来加以区分。

纪念钞是一个国家或地区为纪念重大事件而特别发行的一种法定货币。新中国纪念钞至今只发行了3枚。因此,升值空间非常大。

纪念币

纪念币是一个国家为纪念国际或本国的政治、历史、文化等方面的重大事件、杰出人物、名胜古迹、珍稀动植物、体育赛事等而发行

的法定货币，它包括普通纪念币和贵金属纪念币。质量一般为精制，限量发行。

中国人民银行发行的普通纪念币自1984年10月1日的建国35周年纪念币至今已发行70余套97枚；贵金属纪念币自1979年发行的"中华人民共和国建国三十周年"第一套贵金属纪念币至今，中国现代金银纪念币已经走过了26年辉煌的发展历程，累计发售10余个系列、1500多个品种的金银纪念币，题材有重大政治历史事件、杰出历史人物、大熊猫及珍稀动物、十二生肖、中国古典文学名著、古代科技发明发现、中国传统文化、中国名画名家、宗教艺术、体育运动等，内容体现了我国五千年的文明历史和源远流长的中国文化。

纪念章

纪念章是为纪念杰出人物、重大战役、重大事件等颁发的证章。纪念币与纪念章之间的区别主要在于有没有面值，有面值的是纪念币，无面值的是纪念章，这是一个最明显、最重要的区别。

其次，纪念币是由中国人民银行发行的，也只有中国人民银行有权发行法定纪念币；纪念章小到个体公司，大到国家级的造币厂、钱币公司都可以发行和铸造。

从这些区别上来看，我们也不难分出，纪念币因为是央行发行的，是国家的法定货币；具备投资和集藏的价值。而纪念章因为发行机构的权威性不一，只有权威机构发行的独特纪念章具有投资和收藏价值。

金银纪念章和纪念币的投资主要取决于发行单位的权威性、市场表现与群众认可程度、发行量、材质质地、题材或者纪念意义等，只有具备了上述全部条件的金银纪念章方可投资，否则投资价值要大打折扣，而收藏价值相对而言则不要求那么严格，只要具有纪念意义就行。

门票

门票也称门券，它是游览名胜古迹、参观展览、参加会议、观看电影戏剧、参加节庆等活动的一种有价准入凭证。门票材质有纸质、金属、塑料卡片、丝质、IC卡等，早期的还有竹质、木牌等形式。

1970年代，安徽黄山天都峰上使用的门券，是用麦秆芦叶粘制而成的工艺美术画，十分精巧。近年来，各种磁卡旅游门票开始出现。有些旅游门票还与邮资明信片、地铁磁卡、公交磁卡挂钩通用，既有门票的作用，也有邮寄、乘车等多重属性，具有较高的收藏价值。

现代社会，可以说人人知道门票，人人与门票打交道。门票使用如此广泛普遍，但门票收藏的历史在我国并不久远，在20世纪80年代才真正成为民间收藏品的重要门类。应该说它比起钱币、邮票、书画、古玩等收藏品，还是一个初出茅庐的"少年"。

在我国，门票收藏开始比较早的地方如陕西、河南、北京、上海等地，都成立了专门的门票收藏协会，时不时开展门票展览，同时在门票收藏者之间进行交流、交换、交易。

烟标

烟标，就是卷烟的商标。烟标的命名是近期的事情。在中外辞典中，找不到烟标的名字及注释。早些时候，烟标的代名词是烟盒、烟皮、烟包、烟壳、烟纸等，这些均是以卷烟包装的形象和材料来称呼的，当其内在的涵义和作用被人们真正意识到时，才正式冠以正统的烟标称号。烟标现已被越来越多的爱好者所收藏，成为继邮票、火花之后的世界三大平面收藏品之一。

火花

火花，是人们对火柴盒装潢的爱称。火花的小巧美观，使世界上许多人热心地收集它。收集火花是一高尚的业余活动。在方不盈寸的火花上，你可以得到许多知识。火花不仅能反映出风土民俗、各国风光、文

学艺术、文物历史，还能忠实地记载历史的变革、社会的步伐。

我国第一枚火花诞生于1879年，是石印的。由广东巧明火柴厂出品，牌号是"舞龙"。1911年开始使用的"渭水"火柴商标是退一步的木版印刷。还有更次之的就是仅刻一枚图章直接盖印出来的火花。

需要提及的是，在众多传世的火花中，有一枚现在很难得到的火花，就是解放前我党领导下的陕甘宁边区生产的"丰足牌"火花。这枚火花诞生于1946年，正面是两枝麦穗图围着"丰足"两字，背面有"发展生产，繁荣经济"八个字，中心是"陕甘宁边区火柴厂"。土纸红色石版印刷。现在这种火花非常珍贵。

解放后，由于党和国家的重视，我国的火柴装潢有了很大进步，1958年在北京首次生产出了成套的火花，采用照相制版，印刷精美，现在已成了收藏火花者所追求的珍品了。

党的十一届三中全会以后，火柴装潢日新月异，在制版印刷上，几乎采用了所有的先进设备。比如南京火柴厂生产的《古诗吟金陵》共16枚，拼合起来则成为春夏秋冬四幅山水画，印刷之精，不次于大型画册的水平。

有趣的是，有些火花图案本身就与印刷有着直接关系。如重庆江北火柴厂生产的《古代科学家》10枚一套的火花，其中第八枚就是我国活字印刷创始人毕昇。九江火柴厂生产的同一题材的火花，也有这位伟大发明家的肖像。由于现在广告宣传的发展，一些有关印刷设备方面和印刷物资方面的广告也进了火花这块小小的园地。

现代收藏品的收藏

人民币的收藏

到目前为止，我国已经发行了五套人民币，其中第一套、第三套人民币全部券别，第二套人民币除纸、硬分币以外的券别已停止在市场上流通。

每套人民币都设计美观、精工制作，尤其是一些退出流通的人民币更具有较大的增值空间，投资前景较好，很受人们的喜爱。但是在收藏人民币时，一定要注意以下四点：

1.不要收藏假人民币。《中国人民银行法》和《刑法》都明确规定，持有、使用假币是一种违法行为。因此，在收藏人民币时，不管出于什么目的，都不要收藏、持有、使用假币，莫因一时喜好而触犯法律。

2.不要收藏错版人民币。由于制造等方面的原因，有少量错版人民币流于社会，有些人借机炒作，进行投机以牟取暴利。其实错版人民币没有什么收藏价值，购买收藏错版人民币，往往给自己造成不必要的经济损失。

3.不要收藏流通中的人民币。国家明文规定：流通中的人民币不能上市交易，只有退出流通的人民币才可以买卖。因此，收藏流通中的人民币不仅违反了国家的有关规定，而且也影响了正常的货币流通秩序，不利于人民币的职能发挥。再者，收藏流通中的人民币，从经

济角度上看也不合算。

4.不要收藏品相极差的人民币。目前退出流通的第一套和第二套人民币,品相全新的存世量不多,特别是第一套人民币更是少之又少,且价格不菲,对大多数爱好收藏的朋友来说是可望而不可即的。因此,他们只好收藏使用过的第一套、第二套人民币。但收藏品相太差的人民币,无论从增值角度还是从研究角度来看,意义已不大。也就是说,品相在三品以下的人民币不要收藏。第三套人民币退出市场流通时间不长,且品相较好、价格适中,值得吸纳。

纪念钞的收藏

纪念钞是近十几年在我国兴起的收藏品。虽然兴起时间不长,可是已经积累了很大数量的消费群体。我国发行的首枚纪念钞是建国50周年纪念钞,同年又发行了一枚千禧龙钞。到了2008年,为了纪念北京奥运会的举办,央行又增发了奥运会纪念钞。纪念钞在我国的钱币市场中地位已经无法动摇。

在三种纪念钞中,目前最受收藏界欢迎的是奥运钞。奥运钞一共有大陆10元奥运钞、香港20元奥运钞和澳门20元纪念钞。在短短的四年中,大陆10元奥运钞凭着它的统筹性以及巨大的收藏价值摇身一变成为纪念钞市场的领导者。

行情跟在奥运钞之后的是千禧龙钞。千禧龙钞也叫迎接新世纪纪念钞,这一个品种是为了庆祝千禧年的到来而发行的。由于时值龙年,因此央行将龙的元素加入了迎接新世纪纪念钞的设计中。千禧龙钞诞生之后行情也颇引人注目,2012年的市价在2000元以上。

当然,无论是哪一种纪念钞都是具有收藏价值的。但是从投资价值的角度来说,比较抢眼的还是奥运钞和千禧龙钞。而建国钞不是一个较好的投资选择,但是可以作为长线投资的选择。

纪念币的收藏

收藏纪念币时,要注意它的品相,要防止毁坏,以免影响纪念币的价值。具体应做到以下几条:

1.要避免与硬物进行直接磕碰、磨擦,不要同时将几枚币装在一个口袋里,而应用较柔软的布或纸将其分别包装。

2.要防止手污,纪念币出厂时都带有一层薄薄的密封的透明塑料袋,使币面免遭氧化。我们购入后,轻易不要将其拿出,直接用手触摸。在观赏纪念币时,有条件的应带上薄手套,用拇指和食指捏住纪念币的边缘,防止汗渍污染币面。

3.要避免接触酸性物质。

4.纪念币应存放在通风、干燥处收藏。

毛泽东像章收藏

毛泽东像章品种繁多，数量浩瀚。最早的毛泽东像章出现于20世纪30年代初期，不同时期所制作的毛泽东像章，都具有很强的时代特征和历史烙印。

1.多头章：指在一枚像章上雕有毛泽东不同时期的二至三种头像；还有毛泽东与马、恩、列、斯，或毛泽东与朱德、与金日成等头像体现在同一枚像章上。

2.对套章：对章指的是两枚图案相关、文字相联、色彩相异的像章；套章是指三枚以上，制作的风格和工艺一致，正面浮雕肖像不同或相同，并配有革命圣地图景或"八大样板戏"人物场景的，背面有统一铭文，统一制作单位及统一制作时间，并标有统一编号的各种材质像章。没有编号的只能称为系列章。

3.异形章：指圆形以外的特殊造型章，主要形状有心形、五角星形、梅花形、长方形、正方形、椭圆形、腰鼓形、国徽形、盾形、葵花形、扇形、菱形、旗形、半圆形、流线型等，还有一些是相互交叉形，比如方形与五角星形相交错，圆形与方形相叠形成的章中章。

4.多彩章：像章多数以红色为主，也有运用蓝、白、黄、绿、紫、金等多种颜色丰富的像章品种，有的一枚像章上描有数种色彩，格外好看。还有的在色彩上又加上一层夜光粉在夜晚可以发光，奇妙无穷。

5.花边章：在设计与制作过程中，为了使像章更加美观或寓意更深刻，特地在像章的一周加上一道或几道边，这道边或几道边是用有序的葵花或心形或五角星或党徽或光芒线或忠字等图案镶嵌成统一的花边，并根据不同图饰点缀不同色彩，显得别具一格，典雅大方。

6.诗词章：将毛泽东诗词全首手迹或取一句两句镌刻在头像的下方，瓷质的像章采用贴花或手写的形式，并配上相关的图景色彩，更富诗情画意，这类像章以瓷质更为珍贵。

7.派性章：一般是那些造反派组织制作的，在章上正面标有其独特的图案和口号，像上海工总司所标的火炬图案就十分典型；还有标有"红卫兵"三个字的像章，大多数像章在背后都注有造反派组织的名称，这类像章最具史料性。

8.事件章：制作单位将当时社会所发生的重大事件制成像章，发给群众表示纪念，这些都可以从章背后的铭文中见到，像各地各级革命委员会成立时所制作的纪念章，还有上海的"安亭事件"、"文功武卫"、"九大纪念"等都是事件的典型代表。

9.海外章：一般指香港、澳门、日本以及中国驻外机构和单位制作的像章，这类像章比较难觅。

10.特材章：这类像章材质有别于铝质，用金、银、铜、铁、锡、玉、贝、石、象牙、陶瓷、搪瓷、竹木、塑料等材料制成，当中瓷质居多，有选择余地。

奥运会门票收藏

奥运会门票不仅是出入赛场的凭证，而且具有特殊的收藏价值。每一届的奥运会，主办国无不在门票设计及印制上竭心尽力，其目的就是要在方寸之间彰显出主办国的文化精髓。因此，门票收藏的文化价值也越来越大。

在北京奥运会门票销售方案公布后，不少中国的购票者都认为这是中国第一次举办奥运会，所以此次门票具有不可估量的历史纪念价值。另外，奥运会的开幕式和闭幕式的门票采取的是实名制的购票和实名制的入场政策，因此会印制持票人的姓名，这样的门票是独一无二的，无形中也加大了门票的个人纪念和收藏意义。

校园收藏类活动指导手册

奥运门票每一张都有一定纪念价值，但是其收藏价值还需要仔细鉴别。奥运纪念品的投资收藏最好是按专题门类购买，这就需要关注一些奥运收藏品的相关知识。尽管奥运会比赛的门票用过之后不具使用价值，但若能集齐北京奥运会所有场馆的门票，将是一个非常有价值的收藏专题，整套收藏比零散收藏更有价值。

"嫦娥一号"门票收藏

"嫦娥一号"探月卫星发射实况的参观门票，右面是火箭从发射架升空的照片，左上是一轮明月，美丽妩媚的卡通嫦娥正翘首等待着探月卫星到来。门票上还有中国绕月工程总指挥栾恩杰的亲笔签名。而门票背面则是整个西昌卫星发射基地的全景。

旅行社在正式给游客门票时，将盖上当地邮局的邮戳和基地的纪念章。门票和随同发售的畅游卡明信片都很有收藏价值。收藏爱好者要注意成套保存嫦娥卫星系列的门票和明信片。目前，从"神一"到"神六"的成套编号门票，民间市场价已被炒到15万元，今后嫦娥系列的门票等起码价值10万元。

世界博览会门票收藏

2010年上海世界博览会，是第四十一届世界博览会。于2010年5月1日至10月31日，在我国上海市举行。此次世博会也是由中国举办的首届世界博览会。

上海世博会以"城市，让生活更美好"为主题，总投资达450亿人民币，创造了世界博览会史上最大规模纪录。同时，超过7000万的参观人数也创下了历届世博之最。据权威人士估计上海世博会所有门票的种类，已高达540多种。由于上海世博会门票的印版早于2011年销毁，故散票的收藏具有巨大的升值空间。

现在互联网上收藏上海世博会门票的爱好者很多，但真伪混杂、良莠不齐，建议收藏者最好收藏上海世博会门票两侧压有"2010

EXPO"痕迹的门票,这有两方面的原因:

一是压过痕迹的表明入过,经过闸机检验过,里面有芯片;二是压痕需要专用的设备,增加压痕后,无意中增加一道防伪措施。

烟标的收藏

从收藏的角度讲,历史久远的东西和存世量少的东西为稀罕之物。那么,建国初期的烟标,仍然不失为烟标收藏中的佼佼者。20世纪50年代的抗美援朝时期,曾有国营中华烟草公司和公营新中烟厂出品的"飞马牌"、"东华牌",分别以"抗美援朝,保家卫国,增加生产,支援前线"16个字,记录了这段历史。

大运烟草公司的"抗美牌"在烟标牌名的左右两侧分别写上"打垮美帝粉碎侵略阴谋,发展生产支援抗美援朝"字样;中国福新烟公司的"勇士牌"也以"抗美援朝立大功,全国全家都光荣"的宣传性文字,表达中国人民抗美援朝的决心。

南京卷烟厂"金陵十二钗"烟标,12枚一套,由名家刘旦宅作画、周汝昌作诗、陈大羽篆书,逼真地再现了黛玉葬花、妙玉奉茶、迎春诵经、探春结社、元春省亲、惜春描图、宝钗扑蝶、湘云拾麟、凤姐设局、可卿春困、李纨课子、巧姐纺织这《红楼梦》人物十二群钗的艺术丰姿。

全套烟标以高超的国画艺术和美妙绝伦的七言律诗,塑造了富有典型性格的红楼人物,极富民族色彩,成功地刻画了这一艺术题材。难得十二钗烟标的艺术设计,受到了消费者和收藏界的高度重视。

成套烟标的产生,表现了卷烟推销的一种手段,特别是在旅游景地推出如"青岛美"、"西湖"、"隆中"、"长江旅游"等风景套标,设计者将大自然赋予的美移至这方寸之中,再辅以短小精悍的文字说明。这种既积极推销产品,又宣传旅游文化的手法,受到中外爱好者的欢迎。

校园收藏类活动指导手册

不但我国有套标，国外也有上乘之作。仅日本的观光烟标中，就有许多是套标。东欧诸国，尤其是前苏联生产过许多内容丰富的套标，宣传各加盟共和国的风土人情。西方的烟草大国也有套标问世，精美的印刷，精心的设计，为烟标文化增色不少。

套标魅力在于：我国的烟厂众多，题材广泛，可供雅俗共赏。其收藏价值在于设计精巧，选题上品，又属稀少产品，成为收藏追求的目标。

单枚烟标的设计，如"一品梅"、"东渡"、"徐霞客"等，也以简练的文字说明，画龙点睛般地介绍了"位至一品"的周恩来"举世一品"的道德风范，"鉴真大师8世纪中叶经张家港东渡日本"的壮举以及"我国明代杰出的旅行家、地理学家"徐霞客的历史贡献。烟标的妙趣横生，离不开其知识性和艺术性。

火花的收集保存

收集是一项需要耐心和细心的活动。火柴各地都有，只要你平时稍加留意，一盒一盒地积起来，日积月累就会越来越多。如果想取下盒贴，只要把火柴盒放在清水中浸泡15分钟左右，待火花慢慢浮起时，就可以用手轻轻揭下，另用清水洗清背面胶水，把火花正面贴在

干净的玻璃上，待大半干时再夹进书本吸尽水分压平后才取出收藏。

如果是卡标，只要在接合处用清水浸泡一会，刮去胶水，自然阴干压平就行。如果要去掉磷面，可以将火柴盒放在温水中浸泡15分钟左右，再用温棉花抹少量肥皂轻轻抹擦。待洗净后，用干毛巾吸去水分再阴干压平即可。对于一些精致的卡标或磷面未擦划过的卡标不妨保留磷面，以免洗不好而损伤了画面。

此外，可以请出差的熟人顺便捎带一些外地的火柴盒回来。也可以直接与火柴厂联系或向一些火花代销点函购。另一种有效的办法就是交流。如果你能买到火花，不妨每种多买几套，除自己留下一两套外，多余的可以拿去与别的爱好者交换。各人的火花来源不同，互相交换确实是一个丰富藏品的好办法。

搜集回来后，还得给火花找一个适合长期保存的方法。这里介绍几种：

1.凡是贴标都可以放在集邮册内

这种方法取、放和调整火花都十分方便，美中不足是成本太高，一本集邮册放不了多少火花，另外，如果要拿去参加展览也不方便。

2.用邮展标准贴片来贴火花

在上贴片之前，先把火花一枚一枚装进护邮袋，有条件的话，还可以封上口，然后试着在贴片上排一下，等排到自己满意了就可以用胶带纸把它固定在贴片上了。在排版的时候要多动脑筋，要使张张贴片都不重样，可以多设计一些图形，比如：矩形、菱形、田字形、蝴蝶形、阶梯形等。

总之，要注意均衡和变化，一般最好一套火花贴一张贴片，如果一套火花枚数太少，可以再贴一套同一专题的火花，在空白的地方可以适当添加一些文字或有关这套火花的资料，文字要写得工整些，字句要精炼些。这样，一张贴片就算完成了。

这种贴片的左边有打好的孔，可以用带子把同专题的贴片串成一册，为保护贴片，可以再用硬纸做个封面。有些爱好者干脆不用带子串，以免损坏贴片影响美观。这种活页式贴片最好单面贴火花，这样便于拿去展出。这种方法的缺点是，版面太小。大形的卡标贴不了几枚。另外带有白边的火花贴在白贴片上效果也不是十分理想。

3.大多数爱好者喜欢把火花贴在黑卡纸上

通常是用250克以上的黑卡纸，规格以8开或9开为好。用黑卡纸衬托火花，效果很好。只是要书写文字比较麻烦，一般可以写在白纸上，然后再贴到黑卡纸上，只是这个步骤需要相当小心和细心，弄得不好就会前功尽弃。

贴的方法与上面说的一样，就不重复了。由于卡纸中间部位贴上了火花，当一定数量的卡纸叠在一起时，就会出现中间厚两边薄的现象，如果在每张卡纸的背面左右两边各贴上一条0.1米宽的卡纸，上述现象就不会再出现了。

图书在版编目（CIP）数据

校园收藏类活动指导手册 / 王爽编著. -- 长春：吉林出版集团有限责任公司，2013.11（2020.11重印）
ISBN 978-7-5534-3303-5

Ⅰ. ①校… Ⅱ. ①王… Ⅲ. ①收藏－青年读物 ②收藏－少年读物 Ⅳ. ①G894-49

中国版本图书馆CIP数据核字（2013）第226686号

校园收藏类活动指导手册

王 爽 编著

出 版 人：	齐 郁
责任编辑：	孙 婷
封面设计：	大华文苑（北京）图书有限公司
版式设计：	大华文苑（北京）图书有限公司
法律顾问：	刘 畅
出　　版：	吉林出版集团股份有限公司
发　　行：	吉林出版集团青少年书刊发行有限公司
地　　址：	长春市福祉大路5788号
邮政编码：	130118
电　　话：	0431-81629800
传　　真：	0431-81629812
印　　刷：	北京兴星伟业印刷有限公司
版　　次：	2013年11月 第1版
印　　次：	2020年11月 第3次印刷
字　　数：	158千字
开　　本：	710mm×1000mm 1/16
印　　张：	12
书　　号：	ISBN 978-7-5534-3303-5
定　　价：	35.00元

版权所有　翻印必究